MAX LUCADO

Das Café zwischen Himmel und Erde

Über den Autor:
Max Lucado wurde 1955 in Texas geboren. Er war Gemeindeleiter in Miami, ging dann als Missionar nach Brasilien und arbeitete anschließend als Pastor in San Antonio/USA. In etwa 20 Jahren hat er über 50 Bücher veröffentlicht, die mittlerweile eine Gesamtauflage von 33 Millionen erreicht haben.

Bibliografische Information der Deutschen Nationalbibliothek
Die Deutsche Nationalbibliothek verzeichnet diese Publikation in der Deutschen Nationalbibliografie; detaillierte bibliografische Daten sind im Internet über http://dnb.dnb.de abrufbar.

ISBN 978-3-86827-703-6
Alle Rechte vorbehalten
Originally published in English under the title
Miracle At The Higher Grounds Café
Copyright © 2015 by Max Lucado
Published by arrangement with Thomas Nelson,
a division of HarperCollins Christian Publishing, Inc.
German edition © 2018/2016
by Verlag der Francke-Buchhandlung GmbH
35037 Marburg an der Lahn
Deutsch von Steffi Baltes
Umschlagbild: © iStockphoto.com / Amelie1 & Yuttapong
Umschlaggestaltung: Verlag der Francke-Buchhandlung GmbH / SG
Satz: Verlag der Francke-Buchhandlung GmbH
Printed in Czech Republic

www.francke-buch.de

Kapitel 1

Schon mit einer einzigen Tasse Kaffee konnte Chelsea Chambers die Welt erobern. Jetzt war es sechs Uhr morgens und sie hatte bereits mehrere Tassen getrunken. Vier, um genau zu sein. Dieser Tag schrie aber auch förmlich danach, denn heute eröffnete sie das Café ihrer Familie wieder. Das idyllische zweistöckige Gebäude lag in einem der ältesten Stadtviertel von San Antonio, dem King William District. Seit vielen Jahrzehnten empfing das altehrwürdige Haus hier seine Stammkundschaft. Während knapp zwei Kilometer entfernt die Wolkenkratzer wie Pilze aus dem Boden geschossen waren, hatte sich der King William District seinen historischen Charme bewahren können. Alte, schindelgedeckte Häuser mit Dachgauben und schönen, hölzernen Eingangsterrassen, die von Pekannussbäumen flankiert wurden, standen im Schatten von dreißigstöckigen Bankgebäuden und Hotels.

Hier, in dieser Umgebung, war Chelsea aufgewachsen. Im Jahr 1968, gerade rechtzeitig zur Weltausstellung „Hemisfair" in San Antonio, hatte ihre Großmutter Sophia das Erdgeschoss ihres viktorianischen Hauses in ein Café umgewandelt. Der Zusammenfluss der verschiedensten kulturellen Einflüsse in den beiden Amerikas war damals das Thema der Ausstellung gewesen und Sophia Grayson hatte die Türen ihres Cafés für die Gäste aus aller Welt geöffnet. Sogar Lady Bird Johnson, die Frau des damaligen Präsidenten Lyndon B. Johnson, hatte dem Café einen Besuch abgestattet – so war es Chelsea von ihrer stolzen Großmutter immer wieder erzählt worden. „Die First Lady hat genau da auf diesem Sofa gesessen und einen Cappuccino getrunken!"

Chelsea warf einen Blick auf das antike Queen-Anne-Sofa mit Blumenmuster, das nach all den Jahren immer noch an seinem Platz stand. Jede Nische, jeder Quadratmeter des Cafés war voller Erinnerungen. Nachdem Chelseas Großmutter Sophia gestorben war, hatte ihre Mutter Virginia das Erbe fortgeführt. Ganz im Sinne der Gastfreundschaft ihrer Mutter hatte sie ihren Gästen eine heiße, tröstende Tasse Kaffee sowie ein Stück Kuchen serviert und ihnen das eine oder andere Mal auch ein ermutigendes Gebet angeboten.

Nun war es an Chelsea, diese Tradition fortzuführen. Ihre Mutter hatte testamentarisch verfügt, dass Chelsea die 110 Quadratmeter große Wohnung im Obergeschoss bewohnen und das Café im Erdgeschoss wieder eröffnen sollte. Doch die Zeiten hatten sich geändert. Die Leute waren immer in Eile und die Cafés trendy und durchgestylt. Die antiken Lampen, weichen Sofas, zierlichen Teetische und Holzböden in Chelseas Café hatten so gar nichts gemein mit den modern eingerichteten, angesagten Barista-Bars. Dennoch hoffte Chelsea, dass sich die früheren Stammkunden erneut vom Charme der „guten alten Zeit" verzaubern ließen.

Die antike Standuhr in der Ecke schlug 6:30 Uhr. Chelsea schob ihre Gedanken beiseite und sah sich noch einmal prüfend um. Auf einer großen Schiefertafel standen in ihrer schönsten Handschrift die Angebote des Tages und die gläserne Theke offenbarte einen Blick auf Chelseas ganzen Stolz: Croissants und Cupcakes, nach geheimen Familienrezepten selbst gebacken. Die blauen Schwingtüren hinter der Theke verbargen eine blitzsaubere Küche, die sie an diesem Morgen bestimmt zehnmal geputzt hatte. Nun gab es nichts mehr zu tun.

Chelsea schloss die Eingangstür auf und schaltete das Retro-Neonschild im Fenster ein. „Hiermit ist das *Higher Grounds Café* offiziell wieder eröffnet!", verkündete sie stolz. Der Name des Cafés, „Higher Grounds", war gleichzeitig Programm – jeder Kunde sollte das Café in gehobener Stimmung verlassen. Chelsea, die den Namen beibehalten hatte, konnte nur hoffen, dass sie diesem Anspruch auch gerecht werden würde.

„Ist das nicht alles furchtbar aufregend?", fragte sie ihren einzigen Angestellten. Tim nickte und zupfte an seinem sorgfältig nach oben gezwirbelten Schnauzbart. Das war weder besonders hygienisch noch wirkte es auch nur irgendwie begeistert. Vom Lebenslauf her war Tim der perfekte Mitarbeiter für Chelseas Café. Nach Abschluss seines Studiums an der Universität von Texas war er nach Rom gegangen und hatte dort gelernt, wie man einen ordentlichen Espresso zubereitet. Er sprach Italienisch und Spanisch und bezeichnete sich selbst als Frühaufsteher. Insgeheim fragte sich Chelsea jedoch, wie Tims Laune wohl um die Mittagszeit aussehen würde.

„Das ist ein historischer Moment!", sagte sie in der Hoffnung, Tim wenigstens eine etwas enthusiastischere Reaktion entlocken zu können. Doch vergebens: Tims Gesichtsausdruck blieb unverändert. Allerdings trug er diese gequälte, ernste Miene fast immer zur Schau. Chelsea beschloss deshalb, sich davon nicht den Tag verderben zu lassen.

Der zwölfjährige Hancock polterte die Stufen aus dem Obergeschoss hinunter. Er trug ein viel zu großes Football-Shirt der „Dallas Cowboys", auf dem der Name seines Lieblingsspielers, *Chambers*, stand. Er sah sich im Café um. „Wann öffnest du?"

„Wir *haben* geöffnet", erwiderte Chelsea.

„Ja ... aber ... wo sind die Gäste?" Hancock verstand es vorzüglich, Chelsea an sich selbst zweifeln zu lassen.

„Die werden schon noch kommen", gab sie zur Antwort. „Wo ist deine Schwester?"

Genau in diesem Moment kam Emily die Stufen heruntergerannt, ein sechsjähriges Ebenbild ihrer Mutter. Doch während Chelsea unauffällige Kleidung bevorzugte, liebte Emily alles, was glitzerte. Ihre rosafarbenen Riemchen-Ballerinas, mit Glitter besetzt, waren der offensichtliche Beweis dafür.

„Hancock hat mir beim Anziehen geholfen", verkündete sie stolz.

Chelsea bewunderte Emilys bunt zusammengewürfeltes Outfit, das von Streifen bis hin zu Pailletten so ziemlich alles abdeckte, und musste lächeln.

Die Chelsea, die sie noch gestern gewesen war, hätte ihre Kinder dazu gezwungen sich umzuziehen, bevor sie so gekleidet zur Schule gingen. Doch die neue Chelsea drückte ihren Kindern zum Frühstück Schokoladenmuffins in die Hand und zog eine Spur von Krümeln und Glitter nach sich, während sie die beiden zum Bus brachte.

* * *

„Ich hoffe, du kannst den Ansturm alleine bewältigen", rief sie Tim beim Hinausgehen zu. Tim hielt als Antwort den Daumen in die Höhe.

Während Chelsea mit Hancock und Emily zum Bus eilte, fröstelte sie in der kalten Januarluft. Doch der Himmel zeigte sich in einem strahlenden Blau.

„Komm, lass uns deine Jacke zumachen", sagte Chelsea und zog am Reißverschluss von Emilys Jacke. Dabei warf sie einen Blick auf die Eingangstür des Cafés und das schindelgedeckte Dach mit den pittoresken Gaubenfenstern.

Weinreben rankten sich entlang der Veranda, auf der zwei hölzerne Schaukelstühle standen. Der englische Rasen im Vorgarten wurde durch einen schmalen Fußweg in zwei Hälften geteilt. Wäre da nicht das „Higher Grounds Café"-Neonschild gewesen, hätte man das Gebäude für ein ganz normales, altes Wohnhaus halten können.

Es ist kaum zu glauben, dass das alles mir gehört. So viele Erinnerungen sind mit diesen Gemäuern verknüpft.

Doch mit jeder viktorianischen Häuserzeile, an der sie vorbeikamen, und jedem renovierten Haus im Kolonialstil, das sie passierten, erschien Chelsea ihr Familienerbe weniger einzigartig. Mit einem Mal kamen ihr unzählige Ideen, was sie an ihrem Haus noch verbessern müsste:

Neue Schaukelstühle für die Veranda kaufen
Fenster putzen
Blumen pflanzen ... nein ... erst mal lernen, Blumen zu pflanzen

* * *

„Du musst nicht mit uns hier an der Haltestelle warten", riss Hancocks Stimme sie aus ihren Gedanken. Da kam der gelbe Schulbus bereits in Sicht. „Wir gehen diesen Weg doch schon seit zwei Monaten."

Einen Moment lang sah Chelsea ganz deutlich die Züge von Hancocks Vater im Gesicht ihres Jungen – hohe Wangenknochen, große Augen, so blau wie der Himmel von Texas, blonde Haare und eine schmale, fast zarte Nase.

Ich hoffe nur, dass er nicht auch seine wilde Seite geerbt hat.

„Du hast recht, Hancock. Nach der Schule könnt ihr ja alleine vom Bus zurück nach Hause laufen, okay?"

Chelsea drehte sich zu Emily, die vor Aufregung ganz aus dem Häuschen war. „Hast du deine Lunchbox?"

„Si, madre", erwiderte Emily fröhlich und klopfte auf ihren Rucksack. An ihrer neuen Schule lernte sie Spanisch und Emily liebte es, die erlernten Wörter direkt auszuprobieren.

Chelsea umarmte sie gerührt und wollte auch Hancock zum Abschied drücken, als sie den panischen Blick in seinen Augen bemerkte. Sie erinnerte sich daran, dass auch sie in diesem Alter nicht mehr gerne in der Öffentlichkeit von ihrer Mutter hatte umarmt werden wollen.

„Hancock, wir alle haben in der vergangenen Zeit viel durchgemacht – danke, dass ich mich immer auf dich verlassen konnte."

* * *

Als der Bus davonfuhr, atmete Chelsea langsam tief ein. Das war eine neue Angewohnheit, denn normalerweise vergaß sie in der Hitze des Gefechts das Atmen oft komplett. Sie eilte zurück zum Café und kam gerade rechtzeitig, um ihren allerersten Kunden zu empfangen. Bo Thompson war mit seinen fast 1,90 Metern und siebzig Jahren eine unvergessliche Erscheinung, ein sanfter Riese. Er war einer der treuesten Stammkunden im Café ihrer Mutter gewesen und gleichzeitig einer der letzten, die bis zum Schluss regelmäßig gekommen waren. „Hier gibt's den besten Kaffee in der Stadt", hatte er immer geschworen. Dass sein Haus gleich auf der anderen Straßenseite lag, spielte dabei keine Rolle.

Als er Chelsea sah, nahm Bo seine Baseballkappe ab und entblößte einen schimmernden Glatzkopf. Er schüttelte Chelsea die Hand, die ganz in seinen großen Pranken verschwand.

„Das ist ein großer Tag für das ganze Viertel", tönte er mit seiner tiefen Stimme.

„So ist es." Chelsea lächelte gewinnend.

„Entschuldige meine Kleidung, aber mein Football-Team hat gestern gewonnen." Bo öffnete seine Jacke und zeigte auf das Footballshirt mit den grünen und goldenen Farben der Green Bay Packers aus Wisconsin.

„Keine Angst, das macht mir nichts aus", erwiderte Chelsea. „Ich mache mir in letzter Zeit ohnehin nicht viel aus Sport. Wenn ich mich recht erinnere, bekommst du einen kleinen Cappuccino mit extra viel Schaum?"

„Ich bin beeindruckt", sagte Bo und grinste über das ganze Gesicht.

* * *

Chelsea bemerkte, dass Tims Blick sie während der Kaffeezubereitung kritisch verfolgte. Sie hatte zwar nicht in Italien gelernt, aber dennoch konnte sie einen guten Cappuccino zubereiten. Ihre Mutter hatte ihr beigebracht, wie man die Milch so dick aufschäumte, dass man sich darauf zur Ruhe betten könnte. Doch gerade als sie selbstzufrieden diesen Gedanken nachhing, begann die Espressomaschine zu stottern und zu spucken. Dann gab sie ihren Geist auf.

Chelsea hantierte am Dampfventil herum. „Aber ich habe doch gar nicht ... warum ist das denn ..."

Tim schlurfte zu Chelsea hinüber. Aus dem Augenwinkel bemerkte sie, wie Bo einen Blick auf seine Armbanduhr warf.

„Wie wär's mit einem schwarzen Kaffee?", rief Bo mit einem Augenzwinkern.

„Ein schwarzer Kaffee. Der geht aufs Haus." Chelsea erstickte Bos Widerrede im Keim.

„Ich vermisse deine Mutter hier im Café. Aber es ist gut, dass du es wieder eröffnet hast", sagte Bo nachdenklich, während Chelsea ihm das Getränk auf die Theke stellte. „Noch besser wäre es natürlich, wenn du weiterhin die fabelhaften Kürbis-Käsekuchen-Muffins deiner Mutter im Sortiment hättest."

Chelsea lächelte in sich hinein. Es war gut zu wissen, dass die Rezepte, die sie für ihre Mutter kreiert hatte, bei den Leuten so gut angekommen waren.

„Hier, den schenke ich dir." Sie steckte einen frisch gebackenen Kürbis-Muffin in eine Papiertüte und reichte sie Bo.

Dieser konnte sich gar nicht genug bei ihr bedanken und versicherte Chelsea noch, dass sein Tag nun gerettet sei, bevor er das Café verließ.

„Wenn du die Dinge umsonst weggibst, wirst du nicht viel verdienen", murmelte Tim.

„Danke für den wertvollen Hinweis", gab Chelsea zurück.

Chelsea würde so viele Muffins verschenken, wie sie wollte. Sie hatte sich im Laufe der Zeit eine Menge köstlicher Rezepte einfallen lassen, weswegen ihre Schwester Sara ihr schon seit Jahren damit in den Ohren gelegen hatte, doch endlich ein Café zu eröffnen. Aber für Chelsea war das *Higher Grounds Café* nicht bloß ein Geschäft – es war ein sicherer Hafen.

***

Klingeling! „Überraschung!" Der ruhige Morgen war in einen noch ruhigeren Nachmittag übergegangen, deshalb freute sich Chelsea besonders, als sie ihre Schwester mit einem Strauß Blumen in der Tür stehen sah.

„Mein Haus ist blitzblank und Tony beschäftigt unsere Zwillinge für ein paar Stunden. Also habe ich Zeit, bei deiner Neueröffnung dabei zu sein!"

Wenn Sara in einen Raum kam, hatte man immer das Gefühl, der Frühling zöge ein. Sie strahlte nur so vor Glück. Ihr blondes Haar trug sie lang und glatt und es schimmerte wie ein Sonnenaufgang. Ihre braunen Augen blitzten und wurden zu Halbmonden, wenn sie lächelte. Rechts zog sich ihr Mundwinkel dabei weiter nach oben als links, wo eine Narbe vom Mundwinkel quer über die linke Gesichtshälfte verlief.

Während Sara sie stürmisch umarmte, runzelte Chelsea fragend die Stirn. „Ich dachte, ihr würdet heute euer Haus den potenziellen Käufern zeigen?"

„Ach, die haben schon wieder abgesagt."

„Oh nein! Aber denk daran, mein Angebot steht: Wenn ihr schließlich doch verkaufen könnt und ein neues Haus findet, helfe ich euch gerne mit der Anzahlung! Vielleicht werden wir ja sogar Nachbarn?"

***

Niemand wäre je von sich aus auf den Gedanken gekommen, dass Sara und Chelsea Schwestern waren. Während Sara vor Leben nur so sprühte, war Chelsea eher zurückhaltend. Sara war groß und blond, Chelsea nur mittelgroß und brünett wie ihre Mutter. Sara war immer von Männern umschwärmt gewesen, Chelsea eher weniger. Und dennoch waren die beiden die besten Freundinnen. Sara kümmerte sich um Chelsea. Und

Chelsea bewunderte Sara. Seit mehr als zehn Jahren hatten die beiden davon geträumt, wieder in derselben Stadt leben zu können.

„Ich kann es immer noch nicht glauben, dass du wieder hier bist!"

Chelsea schnaubte leise. „Na ja, es war ja auch nicht so geplant."

„Aber du bist hier und das ist alles, was zählt, nicht wahr?"

Einmal mehr bewunderte Chelsea den unauslöschlichen Optimismus ihrer Schwester. Sie hatte sich schon manchmal gefragt, ob Sara vielleicht mit einer Extraportion bedacht worden war.

„Du hast recht! Es ist super, dass wir wieder eröffnet haben! Super!" Chelsea bemühte sich redlich, so viel Enthusiasmus wie ihre Schwester an den Tag zu legen. „Es tut mir auch ganz gut, mal wieder in die Anonymität abzutauchen und etwas Ruhe zu haben. Aber ein paar mehr Kunden wären schon nicht schlecht."

Klingeling! Die Türglocke ertönte.

Chelsea lächelte. „Du bringst mir Glück, Sara!"

Tim hatte die ganze Zeit über im Hintergrund versucht, die Espressomaschine wieder in Gang zu setzen. Gerade in diesem Moment ertönte ein lautes, verheißungsvolles Zischen und Tim bemerkte mit zufriedenem Gesicht: „Wir sind zurück im Geschäft!"

Und nicht zu früh. Ein plötzlicher Ansturm von Kunden füllte das Café. Chelsea setzte ihr freundlichstes Lächeln auf. „Herzlich willkommen im *Higher Grounds!* Was darf es sein?"

„Wir haben gehört, dass ihr hier ein paar signierte Football-Sachen der Dallas Cowboys vertickt." Der Anführer der Gruppe war riesig und trug eine Football-Jacke. Er war bestimmt der Football-Star seiner Schule.

„Es tut mir leid, davon weiß ich nichts. Aber unsere Kunden sagen, dass wir den besten Kaffee der Stadt verkaufen."

„Unsere *Kunden*?", murmelte Tim kaum hörbar hinter Chelseas Rücken.

Sie wusste, dass sie etwas übertrieben hatte.

„Aber Sie sind es doch, oder?", fragte eine Abschlussballkönigin mit einem großen Starbucks-Thermobecher in der Hand. „Die Frau von diesem Football-Star?"

Chelsea fand keine Worte. „Ich bin …"

Sara kam ihr zu Hilfe. „Sie ist die Besitzerin dieses Cafés."

„Ist Sawyer Chambers jetzt Ihr Mann oder nicht?"

Ein einfaches Ja oder Nein hätte in diesem Moment genügt, aber für Chelsea war es damit nicht getan. Die Situation war kompliziert und vielschichtig. Zu vielschichtig.

„Ein Junge aus der Klasse meines kleinen Bruders hat das behauptet." Der Quarterback drehte sich zu einer kleineren Version seiner selbst um. „Stimmt doch, oder?"

Klingeling! Hancock und Emily stürmten in das Café.

„Klar! Der da hat das in der Schule rumerzählt!" Die kleinere Version des Quarterbacks zeigte geradewegs auf Hancock. Der erstarrte, weil er wusste, dass er nun in Schwierigkeiten steckte. Dennoch versuchte er, sich vor den älteren Schülern gelassen zu geben.

„Hey, Mann, alles cool … ich muss mal hoch, Hausaufgaben machen. Ich seh euch morgen in der Schule."

Chelseas strafender Blick verfolgte Hancocks eiligen Rückzug.

„Ich wollte dir doch bloß ein paar Kunden besorgen", murmelte er, während er die Treppe emporstieg.

Unterdessen hatte Emily ihre Tante Sara entdeckt und rannte fröhlich in ihre Arme.

Ein Junge aus der Gruppe hatte ein Bild auf seinem Smartphone aufgerufen und hielt es hoch, sodass alle es sehen konnten. „Na also, das ist sie doch – Mrs Sawyer Chambers!"

Mrs Chambers. So einfach war das. Schlicht und einfach. Quasi amisch.

„Sie sind doch auch irgendwie berühmt", bemerkte der Junge.

Wenn ein Bild mehr sagte als tausend Worte, dann sagte eine Google-Bildersuche mehr als *zehntausend*. Jeder brauchte nur die unzähligen Bilder aufzurufen und hatte dann das Gefühl, Chelsea und ihren Mann, den berühmten Football-Star, besser zu kennen als sich selbst. Wie furchtbar! Das Café schien sich um Chelsea herum zusammenzuziehen und der Bildschirm des Smartphones immer größer zu werden. Und schließlich kam das Unvermeidliche …

„Wer ist das denn?", fragte der junge Zauberer, der den Bildschirm seines Smartphones in eine Kinoleinwand verwandelt hatte. Ein Foto erstreckte sich von einem Ende der Welt zum anderen. Sawyer Chambers in den Armen einer rothaarigen Unbekannten. Jünger, dünner, schöner.

Der Anführer der Gruppe nahm das Bild in Augenschein und konstatierte mit einem Blick auf Chelsea, die hinter der Theke stand, das Offensichtliche: „Das sind aber nicht Sie!"

„Oh nein", entfuhr es der Ballkönigin, der das Mitleid jetzt ins Gesicht geschrieben stand.

Während sich aller Augen auf Chelsea hefteten, gelang es ihr, möglichst ungerührt zu fragen: „Kann ich euch für meine Cupcakes begeistern?"

Die Ballkönigin brach als Erste das peinliche Schweigen. „Also, ich hätte gerne einen zum Mitnehmen …" Sie bedeutete ihren Freunden, den Rückzug anzutreten.

Als sich das Café wieder geleert hatte, stützte sich Chelsea erschöpft auf die Theke. „Das Leben war so viel einfacher, als es noch kein Internet gab", seufzte sie.

Ihre Schwester umarmte sie. „Mach dir bloß keine Gedanken um das Internet, das ist es nicht wert."

„Du hast recht." Chelsea richtete sich auf. „Bestimmt wird es sich nie richtig durchsetzen."

Kapitel 2

Samuel betrachtete alles aus der Ferne. Aus himmlischer Perspektive erschienen die Dinge so viel einfacher, klarer. Nicht verzerrt durch das tägliche Alltagsgetümmel. Er spähte an den Sternen vorbei hinunter auf die einst so vertraute Landschaft. Was er sah, bereitete ihm Sorgen. Er erinnerte sich noch gut an seinen ersten Auftrag dort. Die Gegend hatte damals hell gewirkt, fast leuchtend. Doch nun hatte sich ein dunkles Tuch darüber gesenkt. Ganze Stadtviertel lagen in den Schatten verborgen. Aber es gab vereinzelt immer noch Leuchtfeuer. Wie schlanke Türme aus purem Gold durchstießen sie die Dunkelheit und schickten ihr Licht an Samuel vorbei geradewegs gen Himmel.

Die Dämmerung hat begonnen, dachte Samuel, *aber es ist noch lange nicht Nacht.*

Ein Schimmern dort unten fiel ihm auf und er richtete sein Augenmerk auf die Lichtquelle. Es war die Straßenecke, an der das *Higher Grounds Café* stand. An diesem Ort und für diesen Ort war viel gebetet worden.

Der Vater wird dieses Territorium nicht aufgeben, nicht ohne Kampf. Und ich liebe einen ordentlichen Kampf!

Gebete bewegen Gott, seine Engel zu senden. Deshalb hatte Samuel nun einen Auftrag bekommen. Andere Engel hatten mehr Erfahrung oder Stärke. Doch keiner von ihnen konnte es mit Samuels Entschlossenheit aufnehmen. So durfte Samuel nun zum ersten Mal eine Mission ganz alleine durchführen.

„Sammy", sagte er zu sich selbst, „es ist Zeit loszufliegen."

Er packte den Griff seines feurigen Schwertes und richtete seine schmale Gestalt zu ihrer vollen Größe auf. Dann spannte er seine Muskeln an, kniff die Augen zusammen, beugte sich vor und flog wie ein Blitz hinab zur Erde. Der Wind fuhr mit Macht durch seine Haare. Als er die Wolkendecke durchbrach, sah er Chelsea auf ihrer Veranda sitzen und fragte sich, welche Rolle sie wohl in den Ereignissen spielen würde, die nun ihren Lauf nahmen. Denn schließlich war er ja gesandt worden, um sie zu beschützen.

Kapitel 3

Es war Freitagabend. Chelsea war mit Backen beschäftigt und summte währenddessen vor sich hin. Nachdem sie viele Jahre lang an der Seite eines Footballstars in der Öffentlichkeit gestanden hatte, genoss sie es nun, ein zurückgezogeneres Leben zu führen. Außerdem hatte sich ihr Selbstbewusstsein gerade etwas erholen können, da die Ballkönigin sich nach dem Desaster mit den jungen Footballfans noch einmal gemeldet hatte, um für den Geburtstag ihrer Mutter „sechzig von diesen total leckeren Cupcakes" zu bestellen. Das war eine ideale Gelegenheit für Chelsea, ihr Können in der Nachbarschaft und vor ihren potenziellen Kunden zu beweisen. Deshalb hatte sie sich etwas ganz Besonderes ausgedacht: einen leichten, saftigen Zitronenkuchen mit einem Überzug aus Buttercreme mit einer zarten Earl-Grey-Note.

* * *

Das Backen war für Chelsea wie eine Therapie – und sie war jetzt bereit für eine lange, ausführliche Sitzung.

Irgendwie spiegelte die Komplexität ihrer Rezepte immer auch die Komplexität ihrer jeweiligen Lebenssituation wider.

An dem Tag zum Beispiel, an dem sie von Sawyers Untreue erfahren hatte, war sie sofort in die Küche gegangen und hatte damit begonnen, eine dreizehnlagige Torte mit bitterer und süßer Schokolade zu backen – eine Schicht für jedes Ehejahr. Nachdem sie einen Bissen von der Torte gekostet hatte, war das ganze Machwerk im Müll gelandet. Doch der bittere Nachgeschmack hatte noch lange angehalten. Das war vor acht Monaten und siebzehn Tagen gewesen. Sie erinnerte sich noch daran, als sei es erst gestern gewesen.

„Die Zeit heilt alle Wunden", hatte Chelseas Mutter damals gesagt.

Sie musste es ja wissen. Virginia Hancock hatte ihr Leben nach der Devise „Vergib und vergiss" geführt. Doch Chelsea war sich nicht so sicher, dass sie es ihrer Mutter gleichtun konnte. Etwas zu vergessen, lag Chelsea nicht im Blut, besonders dann nicht, wenn es um Sawyer ging.

* * *

Nur ein Jahr nach ihrer Hochzeit war Sawyer in die *National Football League* aufgenommen worden. Acht Saisonzeiten hatte er bei den Dallas Cowboys zugebracht, während derer er wie ein Footballstar gespielt hatte und wie ein Rockstar gealtert war. In drei Saisons war er der beste Angriffsspieler der Liga gewesen. Zweimal hatten die Cowboys die Playoffs erreicht. Die Kommentatoren hatten Sawyer wie einen Nationalhelden gefeiert. Doch eine Knieverletzung zu Beginn der neunten Saison hatte seinen kometenhaften Aufstieg abrupt beendet. Glücklicherweise hatte Sawyer einen Fünfzehn-Millionen-Dollar-Vertrag unterzeichnet, der auch nach seiner Verletzung seine Gültigkeit behielt. Sawyer hätte sich also zur Ruhe setzen können. Er hätte sich zur Ruhe setzen *sollen*. Doch er war fest entschlossen gewesen, ein Comeback zu versuchen. Nachdem seine Knieverletzung ausgeheilt war, hatte er sich deshalb von den *Seattle Seahawks* unter Vertrag nehmen lassen. Doch er hatte nicht mehr zu seiner früheren Stärke zurückgefunden. Und er wusste es.

Die meisten professionellen Spieler durchleben eine Art „Midlife-Crisis", wenn sie den Zenit ihrer Leistung überschritten haben. Bei Sawyer hatte es im „reifen" Alter von 35 Jahren begonnen. Nach drei katastrophalen Spielzeiten war er sportlich am Ende gewesen. Auf der Suche nach Erfolg hatte er sich daraufhin in riskante geschäftliche Unternehmungen, einen extravaganten Lebensstil und das Nachtleben der Stadt gestürzt. Chelsea hatte zunächst noch versucht, ihre Kinder vor den negativen Auswirkungen, die der neue Lebensstil ihres Vaters mit sich brachte, abzuschirmen. Doch irgendwann war ihr das nicht mehr gelungen. Sawyer fand einfach nicht zu seinem früheren Selbst zurück.

Zu Beginn der neuen Spielsaison war Sawyer von den Seattle Seahawks entlassen worden. Sogar sein Agent hatte ihn daraufhin fallen lassen. Es hatte niemanden mehr gegeben, der noch an Sawyer als Football-Spieler interessiert war. Niemanden außer Cassie Lockhart. Sie arbeitete als Agentin für die *San Diego Chargers* und war äußerst interessiert daran gewesen, mit Sawyer einen früheren NFL-Star anzuwerben. Sie hatte Sawyer dazu überredet, sie zu Verhandlungsgesprächen nach San Diego zu begleiten. Chelsea hatte geglaubt, es ginge der jungen Frau allein um die Provision. Sie hatte nicht den geringsten Verdacht gehegt, dass Cassie es eigentlich auf ihren Mann abgesehen hatte.

* * *

„Es war der größte Fehler meines Lebens", hatte Sawyer sie danach inständig um Vergebung angefleht.

„Es ist zumindest einer, der in die Annalen eingehen sollte", war es aus Chelsea herausgebrochen, „von den Klatschmagazinen und sozialen Netzwerken ganz zu schweigen!"

Einige Monate später hatte Chelsea Seattle den Rücken gekehrt. Und damit auch Sawyer. Damals hatte Sawyer ihr geschworen, er würde sich ändern.

Ich frage mich, ob er das wohl geschafft hat ...

Seit ihrer Trennung hatte Chelsea nicht mehr richtig mit Sawyer gesprochen. Und der vorzeitige Tod ihrer Mutter, so traurig er auch war, hatte ihr die Möglichkeit verschafft, ihrem alten Leben den Rücken zu kehren und in ihrer früheren Heimatstadt neu anzufangen. Vor ihrem Umzug hatte Chelsea mit Sawyer noch klare Bedingungen ausgehandelt, wie er weiter mit den Kindern in Kontakt bleiben konnte.

„Kann ich mit den Kindern jeden Tag eine halbe Stunde telefonieren?", hatte er gefragt.

„Ja, aber *sie* melden sich bei *dir*", war Chelseas Antwort gewesen.

Sawyer hatte sich mit ihren Bedingungen einverstanden erklärt, solange es sich erst einmal um eine Trennung auf Probe handelte und Chelsea noch nicht auf einer Scheidung bestand.

In Gedanken hatte sich Chelsea sicher schon ein Dutzend Mal von Sawyer scheiden lassen, doch es gab zwei Gründe, die sie davon abhielten – beide schliefen im ersten Stock.

Hancock und Emily waren in ihren Vater vernarrt, ganz gleich, wie viele Fehler er auch haben mochte.

„Ich wünschte, mir ginge es genauso", sprach Chelsea laut ihre Gedanken aus, während sie die letzten frisch gebackenen Cupcakes in einem Karton verstaute. Nun war sie fertig, die erste Sonderbestellung ihres neu eröffneten Cafés. Chelsea hielt einen Moment inne, um ihr Werk zu bestaunen. Die Cupcakes waren ihr wirklich gut gelungen. Und das war auch notwendig. Morgen würde sie die Bestellung eigenhändig ausliefern, an eine Adresse im besten Viertel von San Antonio. Wenn sie ihr Leben ohne Sawyer meistern wollte, musste sie jetzt damit anfangen.

* * *

Das Stadtviertel *Alamo Heights* befand sich oberhalb von Chelseas Wohngegend – sowohl von der Straßenkarte als auch vom sozialen Status her betrachtet.

Chelsea lenkte ihren Geländewagen den sanften Hügel hinauf, der von exklusiven Häusern mit gepflegten Gärten übersät war.

„Hier sieht es so aus wie da, wo wir früher gewohnt haben.

Ich vermisse unser altes Haus", bemerkte Hancock, als Chelsea den Wagen parkte. Sie warf einen Blick auf das makellose große Haus im Tudor-Stil. Es ähnelte tatsächlich ein wenig ihrem früheren Haus in Seattle. Wer auch immer hier wohnte, hatte den 10-Dollar-Gutschein sicher nicht nötig, den sie ihrer Lieferung beigelegt hatte. Aber nachdem die erste Woche im Café eher schlecht gelaufen war, musste sie sich irgendetwas einfallen lassen, um ihr Geschäft ins Gespräch zu bringen.

Hancock streute weiter Salz in die Wunde. „Mir fehlt mein eigenes Zimmer. Und der Blick auf die Bucht. Und der Garten ... das Spielzimmer ... der große Flachbildfernseher von Daddy ..."

„Jetzt halt mal die Luft an", unterbrach ihn Chelsea entnervt, „wir finden bestimmt bald ein neues Haus hier. Ein schönes Haus. Und bis dahin würde es dir guttun, mal darüber nachzudenken, für was du dankbar bist." Etwas sanfter fügte sie hinzu, während sie Hancock durchs Haar strich: „Ich bin zum Beispiel dankbar dafür, dass ich jetzt gerade Zeit mit dir verbringen kann."

Chelsea hoffte, dass es Hancock ähnlich ging, hatte sie ihn doch vor einem langweiligen Nachmittag mit seiner kleinen Schwester und dem Babysitter gerettet.

Sie ließ Hancock die Kartons mit den Cupcakes tragen, während sie auf die pompöse Eingangstür zugingen.

Chelsea klingelte und stellte sich vor, wie sich die Bewohner des Hauses gerade mit Champagnergläsern in der Hand gepflegtem Smalltalk hingaben. Zusammen mit Sawyer war sie auf vielen Wohltätigkeitsgalas und Dinnerabenden gewesen. Während ihr Mann immer der Mittelpunkt jedes gesellschaftlichen Events gewesen war, hatte sie sich oft verloren und deplatziert gefühlt. Aber nicht heute. Heute wusste Chelsea genau, was ihre Aufgabe war und wo sie hingehörte. Einen Moment lang überlegte sie, ob sie sich mit ihrem Mädchennamen vorstellen sollte.

Doch bevor sie eine Entscheidung treffen konnte, öffnete sich die Tür. Eine schlanke blonde Frau stand vor ihr, die, wie es schien, geradewegs einem Fashion-Magazin entsprungen war.

Über ihrem asymmetrischen schwarzen Top trug sie einen Diamantanhänger, der an einer langen Kette hing, und ihre Beine wurden von einem schwarz-weißen Rock aus fließendem Material umschmeichelt. Sie sah Chelsea erstaunt an.

„Chelsea Chambers?"

„Deb Kingsley?"

Deb umarmte Chelsea stürmisch. „Es ist ja eine Ewigkeit her!", rief sie. „Ich habe dich ja nicht mehr gesehen seit ... seit ..."

„Der Hochzeit", flüsterte Chelsea.

„Ja, richtig", gab Deb mit einem Blick auf Hancock zurück. „Und wer ist dieser gut aussehende junge Mann?"

„Das ist Hancock, mein Zusteller." Chelsea versuchte, fröhlich zu klingen. „Ich habe Moms altes Café wieder eröffnet. Deine Tochter hat bei mir vor ein paar Tagen ... oh, ich hoffe, dass ich ihr nicht eine Überraschung verderbe ... Cupcakes für deinen Geburtstag bestellt."

„Keine Sorge, sie hat schon die ganze Zeit von deinen Cupcakes geschwärmt. Chelsea, ich kann es immer noch nicht glauben, dass du wieder da bist! Komm, du musst mir helfen, die Cupcakes auf einem Tablett anzurichten und dann stelle ich dich meinen Gästen vor!"

Deb zog Chelsea ins Haus und schleifte sie in die Küche, mit Hancock im Schlepptau. Dann ging es in das großräumige Wohnzimmer weiter, wo schon ein Dutzend gut gekleideter, chirurgisch nachgebesserter Frauen wartete. Sie wandten sich neugierig Chelsea zu, die Jeans, Sweatshirt und Tennisschuhe trug.

„Hört mal alle her, das ist meine beste Freundin aus Kindertagen, Chelsea Chambers, die Frau von Sawyer Chambers." Deb hielt inne und ihre Freundinnen schnappten erstaunt nach Luft.

„Sie ist gerade nach San Antonio zurückgezogen, um das *Higher Grounds Café* im King-William-Viertel wiederzueröffnen. Ich erwarte, dass ihr sie dort besucht und sie willkommen heißt."

Chelsea musste unwillkürlich lächeln. Deb hatte sie sehr nett (und sehr direkt, eben echt texanisch) eingeführt.

Jede der anwesenden Frauen stellte sich Chelsea vor und versprach, ihrem Café einen Besuch abzustatten.

Aber was noch viel wichtiger war – die Cupcakes stießen auf große Begeisterung. Mehr als nur ein Diätplan wurde an diesem Nachmittag über den Haufen geworfen.

* * *

Auf dem Heimweg fuhr Chelsea eine andere Strecke, um sich ein paar Häuser anzusehen, die zum Verkauf standen. Irgendwo inmitten der Pekannussbäume und Terrakotta-Schindeldächer musste sich auch der Turm der Alamo Heights Methodistenkirche befinden – der Gemeinde, in der Sawyer und sie getraut worden waren. Nach außen hin war es eine Traumhochzeit gewesen. Roter Teppich, weiße Kirchenbänke, ein Meer von Blumen. Jedes Mitglied der Footballmannschaft der Universität von Texas war im Smoking erschienen. Als Brautjungfern hatte Chelsea ihre Schwester und zwei gute Freundinnen gewinnen können. Ihre Mutter hatte aufgeregt in der ersten Reihe gesessen. Und die Braut? Die Braut war den Weg zum Altar alleine gegangen, mit einem Strauß weißer Rosen in der Hand und einem winzigen neuen Leben in ihrem Bauch.

„Heißt das, wir bleiben jetzt für immer in San Antonio?", brach es aus Hancock heraus, als Chelsea vor einem Traumhaus stehen blieb, das zum Verkauf stand, und sich eine Broschüre des zuständigen Maklerbüros mitnahm.

„Wäre das denn so schlimm?", fragte Chelsea zurück.

„Eigentlich nicht. Nicht, wenn Dad auch bei uns wohnen darf."

Auf ihrer Heimfahrt bemerkte Chelsea, dass ein weiteres Starbucks-Café ganz in ihrer Nähe eröffnet hatte. Obwohl noch das „Aushilfen gesucht"-Schild an der Tür prangte, war das Café schon mitten im Geschäft. Vor dem Drive-in-Schalter reihte sich Luxuslimousine an Luxuslimousine. Und der Außenbereich des Cafés war an diesem sonnigen Tag voll besetzt mit Kunden.

Als Chelsea zurück im Higher Grounds war, bemerkte sie erfreut einen Gast. Doch dieser war nicht gekommen, um Kaffee zu trinken. „Haben Sie die Vollmacht, eine Empfangsbestätigung zu unterschreiben?", fragte der uniformierte Briefzusteller.

„Natürlich, mir gehört das Café", antwortete Chelsea stolz. Doch ihr Optimismus verflüchtigte sich augenblicklich. Der Brief kam vom Finanzamt.

Kapitel 4

„*Sechsundachtzigtausend Dollar?*" Saras Stimme drang so laut durch das Telefon, dass Chelsea es auf Armeslänge von sich weghalten musste.

„Und achtundsiebzig Cents", korrigierte Chelsea. „Wusstest du davon?"

„Nein, natürlich nicht. Hat Mom denn überhaupt davon gewusst?"

„Ich nehme es doch an. Sie haben ihr drei Briefe persönlich zugestellt. Und sie hat die Empfangsbestätigung für jeden einzelnen von ihnen unterschrieben."

„Oh, es tut mir so leid, Chelsea. Ich wünschte, ich könnte dir unter die Arme greifen. Aber das Gehalt, das wir von der Kirche bekommen, ist ziemlich bescheiden."

„Mach dir keine Gedanken. Ich werde die Schulden schon irgendwie abtragen können. Davon ist Mom sicher auch ausgegangen."

„Nun, zumindest macht es Sinn, dass sie dir das Café vermacht hat. Aber ich fühle mich jetzt schuldig, weil ich den ganzen Schmuck von Großmutter bekommen habe."

„Und ich habe mich der Illusion hingegeben, dass ich Moms Liebling wäre", witzelte Chelsea.

„Jetzt wäre wahrscheinlich ein unpassender Moment, um dir zu sagen, dass du adoptiert wurdest?"

Sara schaffte es doch immer wieder, Chelsea zum Lachen zu bringen, selbst dann, wenn es gar nichts zu lachen gab.

„Ach weißt du, im Moment überrascht mich gar nichts mehr", gab Chelsea zurück.

„Berühmte letzte Worte, Schwester …"

* * *

Die Bedingungen, die das Finanzamt stellte, waren klar und knallhart: *Bezahlen Sie 86.000,78 Dollar innerhalb der nächsten dreißig Tage oder die Steuerbehörde wird die gesamten Vermögensbestandteile des Higher Grounds Cafés beschlagnahmen und veräußern.*

Dummerweise war der einzige Vermögensbestandteil, den zu veräußern es sich lohnte, die Wohnung, in der Chelsea mit den Kindern lebte. Sie würde die Forderung unverzüglich begleichen müssen. Das bedeutete aber, dass sie mit Sawyer sprechen musste.

Am Abend brachte Chelsea die Kinder ins Bett, räumte die Küche auf und legte Wäsche zusammen. Als sie es nicht länger vor sich herschieben konnte, ging sie zum Telefon auf ihrem Nachttisch.

Doch es war nicht da. Einen Moment überlegte Chelsea, ob sie das vielleicht als Zeichen nehmen sollte, Sawyer an einem anderen Tag anzurufen. Aber eigentlich sah es ihr nicht ähnlich, Dinge auf die lange Bank zu schieben.

Chelsea sah im Café nach, nahm das Sofa in ihrem Wohnzimmer auseinander und überprüfte sogar die Waschtrommel. Nichts. Schließlich gab sie sich geschlagen und ging ratlos den Flur entlang. Da vernahm sie ein gedämpftes Kichern aus dem Kinderzimmer.

Vorsichtig öffnete sie die Tür einen Spaltbreit und sah ein bläuliches Licht unter der Bettdecke im oberen Etagenbett hervorschimmern.

„Der Typ ist gut zwei Meter in die Luft gesprungen, um den Ball abzufangen. Ich wünschte, du hättest das gesehen!", wisperte Hancock aufgeregt. Er hatte den Lautsprecher des Telefons angestellt. „Ich auch", kam die Antwort. Chelsea kannte diese Stimme nur allzu gut. Sie holte tief Luft und ging leise zum Bett.

„Na, du Plaudertasche", sagte sie sanft.

Hancock erstarrte unter der Bettdecke. Die Stimme am anderen Ende der Leitung verstummte und Hancock kam mit schuldbewusstem Gesicht unter der Decke hervor.

„Ich weiß, dass ich dich erst hätte fragen sollen …", begann er sich zu verteidigen. Dabei wurde seine Stimme lauter.

Hastig legte Chelsea einen Finger an ihre Lippen und streckte dann die Hand aus.

Hancock gab das iPhone an seine rechtmäßige Besitzerin zurück und spähte dabei zum unteren Etagenbett hinunter. Erleichterung breitete sich auf seinem Gesicht aus, als er sah, dass seine Schwester Emily noch immer fest schlief.

„Schlaf jetzt, Hancock." Mit einem letzten warnenden Blick auf ihren Sohn verließ Chelsea das Kinderzimmer. Sie steckte das iPhone in die hintere Tasche ihrer Jeans und war auf dem Weg ins Wohnzimmer, als sie plötzlich eine Stimme hörte.

„Ähhh … Chelsea, bist du noch da …?"

Aus ihrer Gesäßtasche drang ein herzhaftes Lachen. Schnell zog sie ihr Telefon hervor. Sawyers Gesicht füllte das ganze Display aus.

„Ah, *das* hatte ich zu sehen gehofft", scherzte Sawyer, „… aber die andere Perspektive hat mir natürlich auch gefallen." Seine elfenbeinfarbenen Zähne blitzten sie schelmisch an.

Chelsea drehte das Display um, sodass Sawyer auf den schönen orientalischen Wandteppich ihrer Großmutter blickte. Sie würde nicht auf seine Taktik hereinfallen und sich die ganze Zeit von ihm anflirten lassen. Sie wappnete sich, strich ihren Pferdeschwanz glatt und biss die Zähne zusammen. Dann drehte sie das Display noch einmal kurz zu sich.

„Ich muss mit dir sprechen. Kann ich dich zurückrufen?"

* * *

Zwanzig Minuten später hatte Sawyer es wieder einmal geschafft, Chelseas Blut zum Kochen zu bringen.

„Warum erfahre ich das erst jetzt?", rief sie ärgerlich ins Telefon.

„Du hast ja keinen meiner Anrufe beantwortet!", konterte Sawyer. „Was hätte ich denn tun sollen? Ein singendes Telegramm schicken? Einen Blumenstrauß mit Nachricht?"

Chelsea reichte es. Sie beendete das Gespräch.

Fünfzehn Millionen Dollar würden den meisten Menschen ein ganzes Leben lang reichen. Doch nicht Sawyer. Er hatte mit dem Geld spekuliert – es in Ölfelder investiert, in Geschäftsimmobilien, in Ramschanleihen, Eigentumswohnungen in Miami oder Windmühlen in Arizona. Vermutlich hätte er eher ein eingefettetes Ferkel festhalten können als sein Geld. Denn keine dieser Investitionen war von Erfolg gekrönt gewesen.

Chelsea hatte gewusst, dass Sawyer mit seinem Vermögen nur so um sich warf. Deshalb war sie auf Nummer sicher gegangen und hatte Sawyer das Versprechen abgerungen, vier Millionen Dollar in einem Rentenfonds anzulegen, den er nicht antasten würde. Er hatte zugesagt, dass er sie vorher fragen würde, sollte er etwas von dem Geld benötigen.

Noch ein Versprechen, das Sawyer gebrochen hatte. Seine allerletzte Million hatte er mit einem Franchise-Unternehmen am Dallas Love Field Flughafen versenkt. Nur sechs Monate später hatten sich die Gläubiger vor seiner Tür gedrängelt. Da hatte er das Geld aus dem Rentenfonds genommen.

„Es war die einzige Möglichkeit. Sonst wäre ich bankrott gewesen", hatte Sawyer zu seiner Entschuldigung vorgebracht.

Chelsea konnte sein Gesicht in diesem Moment genau vor sich sehen: die in Falten gelegte Stirn, das markante Kinn, die blauen Augen, die so unschuldig dreinblicken konnten.

Jeden Gesichtsausdruck, zu dem Sawyer fähig war, kannte Chelsea in- und auswendig.

Vor dreizehn Jahren hatten sie dieses Gesicht und dieser Blick dazu bewogen, ihre Psychologie-Vorlesung zu schwänzen und in der *Sandy Springs Dance Hall* tanzen zu gehen ...

* * *

In ihrem ersten Jahr an der Universität von Texas hatte Sawyers Bild das Cover der Football-Zeitung der Uni geziert. Es zeigte ihn, wie er im halsbrecherischen Sturzflug den Ball über die gegnerische Goalline beförderte. In diesem und in zweiundzwanzig weiteren Spielen in Folge hatte er seine Mannschaft zum Sieg geführt. *Jeder* kannte Sawyer Chambers. *Keiner* kannte Chelsea Hancock. Sie war eher der Typ „scheue Studentin", die etwas ängstlich und mit großen Augen über einen Campus mit 35.000 Studierenden irrte. Die Universität war zehnmal so groß wie ihre alte Highschool. Wenn sie nicht ein Stipendium gehabt hätte, wäre Chelsea bereits nach dem ersten Semester von der Uni gegangen. Ihre Noten waren hervorragend, aber ihr Privatleben war quasi nicht existent. Sie lebte praktisch in der Unibibliothek. Als Chelsea dann eines Tages einen Anruf von Sawyer Chambers bekam, hätte sie um ein Haar den Hörer fallen lassen.

Er hatte ihren Aushang am Schwarzen Brett gesehen, dass sie in den Sommermonaten gerne bereit war, Nachhilfe zu geben. Sie brauchte noch eine finanzielle Aufbesserung ihres Stipendiums, um sich ein Auslandssemester in Europa leisten zu können. Und er hatte eine Aufbesserung seiner Durchschnittsnote dringend nötig.

Als sie sich zur ersten Nachhilfestunde trafen, bemerkte Sawyer: „Du bist also das Mädchen, das mir dabei helfen wird, mich für die *Heisman* zu qualifizieren!"

„Die *Heisman?*"

„Ja." Er grinste. „Die *Heisman-Trophäe* für den besten College-Football-Spieler."

Als Chelsea ihn weiterhin verständnislos ansah, nahm Sawyer die Position des bronzenen Footballspielers ein, den die Trophäe in Abwehrhaltung und mit einem Football im Arm zeigte.

Als Sawyer noch immer kein Anzeichen des Erkennens in Chelseas Augen sah, fiel bei ihm der Groschen.

„Du hast nie davon gehört, nicht wahr?"

Chelsea errötete, gewann jedoch schnell die Fassung zurück. „Nein, aber ich habe von *Hemingway* gehört. Und du?"

So hatte ihre Freundschaft begonnen.

Während ihrer vierten Nachhilfestunde bemerkte Chelsea, dass Sawyer beim Lernen nicht bei der Sache war.

„Na und, ich mag es, dich anzuschauen!", verteidigte er sich, als sie ihn ermahnte, sich auf den Lernstoff zu konzentrieren. „Andere Mädchen reißen sich ein Bein aus, um mich zu beeindrucken. Aber du hast das nicht nötig. Du bist einfach wunderschön."

Chelsea wurde puterrot. „Und du willst einfach nur ablenken. Konzentrier dich, Sawyer!"

* * *

Eine Woche später hatten sie ihre erste richtige Verabredung in der Stadt.

Als Sawyer sie danach noch wie ein Gentleman bis zu ihrer Haustür begleitete, sagte er: „Ich brauche ein Mädchen wie dich. Du bist intelligent und denkst selbstständig. Du hast immer die richtige Antwort parat."

Nachdem Sawyer gegangen war, betrachtete sich Chelsea in dem großen Spiegel, der in ihrem Flur hing. Skeptisch musterte sie ihr lässiges Outfit und ihre schlanke, etwas zu dünne Figur. Es gab so viele andere Studentinnen, die für den Star des Campus tausendmal besser geeignet wären als sie.

Was sieht er in mir? Warum interessiert er sich für mich?

Doch als sie das erste Mal miteinander tanzten, wusste Chelsea, dass das zwischen ihnen etwas ganz Besonderes war.

Niemals würde sie den Ausdruck in Sawyers Gesicht vergessen, als er sie erst auf der Tanzfläche herumwirbelte und dann sanft in seine Arme zog. Diesen eindringlichen Blick und das schiefe, jungenhafte Lächeln. Niemals zuvor hatte sie ein Mann so angesehen.

„Ist es noch zu früh, um dir zu sagen, dass ich dich liebe?", hatte er gefragt.

In diesem Augenblick war die Welt um Chelsea herum verschwunden. Plötzlich gab es nur noch Sawyer und sie und sie waren ganz allein auf der Tanzfläche. Wie sehr hatte sich Chelsea gewünscht, dass dieser besondere Moment nie enden würde!

* * *

Am Ende dieses Sommers war Chelsea schwanger. Verzweifelt und ratlos vertraute sie sich Sawyer an. Zur Abwechslung war er es, der die Antwort parat hatte. „Heirate mich", bat er sie. „Ich weiß, dass wir es schaffen können. Gemeinsam sind wir unschlagbar."

Gemeinsam. Wenn sie damals schon gewusst hätte, wie viel Leid dieses *„Gemeinsam"* mit sich bringen würde – hätte sie trotzdem Ja gesagt?

* * *

Chelsea setzte sich in ihren Schaukelstuhl auf der Veranda. Sie musste einen klaren Kopf bekommen. Fröstelnd zog sie den handgearbeiteten Quilt ihrer Mutter enger um ihre Schultern und wärmte ihre Hände an einer dampfenden Tasse Kaffee.

Gemeinsam mit ihrer Mutter hatte sie auf dieser Veranda viele Stunden verbracht und den Nachthimmel betrachtet.

„Du bist geliebt, Chelsea. Davon zeugen sogar die Sterne", hatte ihre Mutter bei dieser Gelegenheit immer gesagt.

Doch heute Nacht waren keine Sterne zu sehen.

Chelsea war pleite. Die Luft war kalt. Ihr Herz war noch kälter. Sie würde sich endgültig von Sawyer trennen. Sie musste auf eigenen Füßen stehen.

Kapitel 5

Beobachten und Warten. Seit Tagen tat er nichts anderes. Aber Samuel brannte darauf, mehr zu tun.

Eine schwere Wolke begann sich um Chelsea herum zu formen. Sie vernebelte ihr Urteilsvermögen. Verdunkelte ihre Gedanken. Der Feind hatte Chelsea eine Falle gestellt. Und sie war drauf und dran, blindlings hineinzutappen.

Wenn sie doch nur um Hilfe bitten würde. Ein einfaches Gebet. Oder auch nur eine Andeutung davon. Gott reagiert auf Andeutungen.

Samuel mochte zwar damit beauftragt worden sein, Chelsea zu schützen, aber in Wirklichkeit hatte er ein Kämpferherz. Wenn es im Himmel so wie beim Football ein Buch gegeben hätte, in dem alle Spielzüge verzeichnet waren – Samuel hätte es auswendig gekannt.

Boten, Krieger, Wächter. Samuel kannte all die himmlischen Großen mit Namen und ihre Taktiken waren ihm vertraut. So war ihm eine Idee gekommen. Aber er konnte sie nicht ohne Erlaubnis umsetzen.

Beobachten und Warten.

In der Ferne bemerkte Samuel einen Lichtschimmer. Schnell wie eine Sternschnuppe näherte sich ein himmlischer Bote.

„Gabriel!", rief Samuel aus und richtete sich respektvoll kerzengerade auf. Doch selbst auf Zehenspitzen hätte er Gabriel nur bis zur Schulter gereicht.

„Rühren, Samuel!" Gabriel nickte ihm wohlwollend und anerkennend zu.

„Konntest du schon über meinen Plan nachdenken?"

„Er wird gerade noch genauestens geprüft." Gabriels Gesichtsausdruck gab nichts preis.

„Ich weiß, er ist sehr ambitioniert. Geradezu unkonventionell." Vor Aufregung sprach Samuel immer schneller. „Aber es gibt einen Präzedenzfall. Wir haben schon mal so eine Art Zugang geöffnet. Das ist nur die modernere Version davon. So etwas wie die Jakobsleiter 2.0!"

Gabriel legte Samuel beruhigend eine Hand auf die Schulter. „Ich sehe da ganz viel Potenzial, Samuel. Aber der Plan ist noch nicht ausgereift."

„Verstehe ..." Samuel ließ die Schultern hängen. *Noch mehr Warten.*

„Lass dich nicht entmutigen", versuchte Gabriel ihn zu trösten. „Der Himmel hat offenbar andere Pläne."

Samuel horchte hoffnungsvoll auf. „Und die wären?" Zu allem bereit, umfasste er den Griff seines Schwertes.

Gabriel lächelte wissend. „Für diesen Auftrag brauchst du dein Schwert nicht."

Kapitel 6

„Mom, es brennt!" Emilys Stimme drang aufgeregt aus dem ersten Stock zu Chelsea nach unten.

„Fass nichts an! Ich komme!" Gerade hatte Chelsea im Café die besonderen Angebote des Tages auf die Schiefertafel geschrieben. Heute gab es unter anderem eine „Millionärstorte" mit ganz viel Sahne, Ananas und Pekannüssen.

„Mamaaaaaa!"

Chelsea rannte die Stufen empor und sah dabei auf ihr Handy – immer noch keine Nachricht von Tim.

„Was brennt denn, mein Schatz?"

Emily stand umgeben von Rauchschwaden auf einem Stuhl. „Mein Toast!"

„Hancock!", ermahnte Chelsea ihn. „Könntest du dich bitte um deine Schwester kümmern? Und um ihr Frühstück?"

Ihr Sohn brummte ungehalten vor sich hin.

Klingeling! Kunden. Wo um Himmels willen steckte Tim? Es war sieben Uhr morgens und Chelsea hatte ihm bereits drei Nachrichten geschickt. Eine mehr würde nicht schaden.

Wo bleibst du???

Chelsea wandte sich wieder den Kindern zu.

„Am besten, ihr zieht euch jetzt erst einmal an. Ich mache euch unten im Café euer Frühstück fertig."

Klingeling! Chelsea raste die Treppen hinunter, um den unerwarteten Ansturm von Kunden in Empfang zu nehmen.

„Das ist ja eine schöne Überraschung!"

Vor Chelsea stand Deb, die noch drei andere Frauen aus Alamo Heights mitgebracht hatte. Alle trugen schmal geschnittene Designerjeans und Lederjacken.

„Das Café hat sich überhaupt nicht verändert." Deb sah sich versonnen lächelnd um. „Da kommen so viele Erinnerungen hoch!"

Chelsea schwelgte mit Deb in Erzählungen von früher, während sie den Frauen ihre Latte Macchiatos mit Vanille zubereitete.

Als sich Deb dann mit ihren Freundinnen an einen der Tische zurückzog, fand Chelsea die Zeit, ihren Kindern ein schnelles Frühstück zuzubereiten.

* * *

Während sie den Reißverschluss von Emilys Jacke hochzog, vibrierte ihr Handy. Sicher eine SMS von Tim. *Endlich!* Sie las seine Nachricht.

Arbeite jetzt bei Starbucks. Bessere Bedingungen. Sorry. Konnte es dir gestern nicht sagen. Du warst so busy. ;-)

„Das ist doch ein Scherz, oder?", murmelte Chelsea, während sie nach einem Smiley-Symbol suchte, das ihre augenblickliche Gefühlslage am besten wiedergab. Leider gab es keinen feuerspeienden Drachen.

„Was ist los, Mami?", fragte Emily besorgt. „Du siehst total wütend aus!"

„Es ist wegen Dad, nicht wahr?", vermutete Hancock.

„Nein, nein. Es ist alles in Ordnung", antwortete Chelsea und lächelte tapfer.

Klingeling! „Guten Morgen, Bo!", rief Emily.

Mittlerweile war Bo zu einem festen Bestandteil der frühmorgendlichen Routine im Café geworden. Er war immer freundlich und gut gelaunt, sogar vor seinem ersten Cappuccino. Anscheinend wachte er einfach jeden Morgen so auf.

Chelsea lächelte ihn an. „Ich bin gleich bei dir." Sie gab den Kindern Geld für das Mittagessen in der Schule. „Hancock, ist es in Ordnung, wenn du heute allein mit deiner Schwester zum Bus gehst? Ich kann hier gerade nicht weg."

„Ich kann sie doch begleiten", bot Bo an, „ich gehe sowieso in dieselbe Richtung."

Klingeling! Zwei weitere Kunden betraten das Café.

„Du bist wirklich ein Engel, Bo!" Chelsea seufzte erleichtert. „Dein Cappuccino geht natürlich aufs Haus."

„Mach dir darum keine Gedanken. Wir haben doch alle von Zeit zu Zeit Hilfe nötig."

Wie wahr. Chelsea brauchte wirklich dringend Hilfe. Und außerdem brauchte sie noch 86.000 Dollar. Aber alles zu seiner Zeit.

* * *

Sobald es im Café ein wenig ruhiger geworden war, setzte sie eine Anzeige ins Internet, dass sie eine Aushilfe suchte. Da ihre letzte Anzeige ihr Tim beschert hatte, ging sie dieses Mal mehr ins Detail. *Der ideale Kandidat ist pünktlich, hat eine hohe Sozialkompetenz und eine positive Arbeitseinstellung. Er liebt Kinder, Kaffee und Cupcakes.*

Nur wenige Minuten, nachdem die Anzeige online war, kam ihr idealer Kandidat geradewegs durch die Tür spaziert. Zumindest versuchte er es. Er prallte gegen die Glasscheibe und fiel draußen auf den Gehweg.

„Ist alles in Ordnung?" Chelsea war sofort nach draußen gerannt. Besorgt half sie dem etwas verdattert dreinschauenden Mann auf die Beine.

„Das muss die sauberste Glastür in ganz Texas sein", sagte der Unbekannte vergnügt. Er hatte einen Latino-Akzent. „Und das dürfen Sie dem Besitzer ruhig mitteilen!"

„Das haben Sie soeben schon selbst getan", antwortete Chelsea und lächelte, weil die gute Laune des Mannes ansteckend war. „Kommen Sie herein, ich mache Ihnen ein schönes heißes Getränk."

Etwas an dem Fremden erregte Chelseas Interesse und Neugier. Es waren nicht nur die schwarzen Cowboystiefel aus Leder, die mit türkisfarbenen Steinen besetzt waren. Und auch nicht die leuchtend grüne Hose, das farbenfrohe Hawaii-Hemd oder die Kappe mit der Aufschrift *Seattle Seahawks*. Sie betrachtete ihn verstohlen. Er war von mittlerer Größe, kräftig gebaut und hatte ein rundes Gesicht. *Irgendwo habe ich dich schon einmal gesehen.* Doch sie kam nicht darauf, wo.

„Entschuldigen Sie, aber sind wir uns vielleicht schon einmal begegnet?"

„Viele Leute fragen mich das, *Señora*. Wahrscheinlich habe ich ein Allerweltsgesicht."

Manuel oder *Manny*, wie er genannt werden wollte, war offensichtlich zum Reden gekommen. Chelsea erfuhr, dass er es im Alter von dreißig Jahren endlich geschafft hatte, die amerikanische Staatsbürgerschaft zu erhalten. Er stammte aus Mexiko, war alleinstehend und kürzlich nach San Antonio gezogen, um in der Nähe seiner Familie zu sein.

„Haben Sie schon eine Bleibe gefunden?", fragte Chelsea, während sie seine Bestellung zubereitete: einen Latte Macchiato mit Vanillesirup und extra viel Schaum.

„Ja, ich wohne zunächst einmal bei meinen Schwestern, bis ich eine geregelte Arbeit gefunden habe."

„Welche Art von Arbeit suchen Sie denn?"

Bevor Manny antworten konnte, kam es an der Espressomaschine plötzlich zu einer kleinen Dampfexplosion. Aufgeschäumte Milch spritzte über die Theke und auf Chelseas Schürze.

„Diese elende Maschine ist doch gerade erst repariert worden!", rief sie genervt. „Oh, wie sehe ich denn aus? Bitte entschuldigen Sie mich für einen Moment." Chelsea floh in die angrenzende Küche und machte sich auf die Suche nach einer frischen Schürze.

Als sie wieder herauskam, stand Manny hinter der zu Chelseas Verblüffung blitzsauberen Theke. Er hantierte an der Espressomaschine herum.

„Ich hoffe, es macht Ihnen nichts aus, dass ich mir das einmal ansehe", bemerkte er.

Chelsea warf möglichst unauffällig einen Blick auf die Kasse. *Unberührt.*

„So, jetzt müsste sie eigentlich wieder funktionieren. Versuchen Sie es einmal", sagte Manny und trat zur Seite.

Vorsichtig näherte Chelsea sich der Maschine. Sie stellte ein frisches Edelstahlkännchen unter die Düse und drehte an dem Ventil. Die Düse gab einen tadellosen Dampfstrahl von sich. Chelsea war beeindruckt.

„Was war, noch mal, Ihr Beruf?"

* * *

An diesem Nachmittag verdoppelte sich die Belegschaft des *Higher Grounds Café* und Chelsea ging dazu über, Manny zu duzen. Allerdings sah sie sich dazu gezwungen, ein paar Worte zur Kleiderordnung zu verlieren.

„Manny, diese Kappe musst du leider abnehmen. Wir sind hier keine *Seahawk*-Fans. Und bitte zieh von nun an etwas weniger Auffälliges an, ja?"

Am Abend konnte Chelsea den Punkt *Aushilfe suchen* erleichtert von ihrer inneren To-do-Liste streichen. Wenn doch nur ihre anderen Probleme auch so einfach zu lösen wären. Der nächste Punkt auf ihrer Liste war überaus unangenehm. Er lautete *Zahlungsmodalitäten mit der Steuerbehörde aushandeln.*

Kapitel 7

In Mathematik war Chelsea ein Ass. Sawyer hatte immer gewitzelt, dass das Lösen von Matheaufgaben für sie ebenso befriedigend sei wie für ihn das Trainieren im Fitnessstudio. Aber heute bereitete ihr die Mathematik Kopfzerbrechen.

Mit Hilfe von Sawyers früherem Steuerberater hatte sie mit dem Finanzamt eine Zahlung in neun Raten à 9.555,64 Dollar aushandeln können. Das sollte eigentlich kein Problem sein, solange sie pro Tag 155 Latte Macciatos an den Mann oder die Frau brachte. Das entsprach einer Steigerung ihres momentanen Umsatzes um schlappe 500 Prozent.

Chelsea war verloren.

Sie war schon in dem Moment verloren gewesen, als sie Sawyer geheiratet hatte. Dafür hatte sie dank einer Google-Suche sogar den Beweis: 78 Prozent der ehemaligen Footballspieler der NFL waren bankrott. Und 50 Prozent waren geschieden.

Angespornt durch diese deprimierenden Statistiken war Chelsea fest entschlossen, sich nun ihren Weg in die 69 Prozent der amerikanischen Bevölkerung zu backen, die übergewichtig waren.

„Du siehst aus wie ein Cupcake."

„*Wie bitte?*" Hatte Chelsea sich etwa verhört?

„Ich sagte, du siehst aus, als bräuchtest du einen Cupcake", wiederholte Manny mit einem vorsichtigen Blick.

„Oh ... ähmm ... nicht heute, danke! Aber ich könnte einen Espresso brauchen. Das wäre nett, Manny."

In der einen Woche, die Manny nun schon für Chelsea arbeitete, hatte er seinen unschätzbaren Wert mehr als einmal unter Beweis gestellt. Er war ein Frühaufsteher und immer genau dann zur Stelle, wenn Chelsea ihn am meisten brauchte. Er konnte sehr gut mit den Kunden umgehen und noch besser mit Chelseas Kindern. Doch trotz all seiner Talente und natürlichen Intuition mangelte es ihm an ganz grundlegenden Fähigkeiten, wie zum Beispiel seine Füße zu koordinieren, mit Schwingtüren umzugehen oder sich Kleidungsstücke auszusuchen, die auch nur annähernd zusammenpassten. Als er das erste Mal durch die Schwingtüren in die Küche hatte gehen wollen, hatte er die Tür immer wieder aufgestoßen, als hoffte er, sie würde irgendwann offen stehen bleiben.

„Manny", hatte Chelsea ihn schließlich angesprochen, „die Schwingtür wird nicht offen bleiben. Du musst einfach hindurchgehen."

Er hatte gehorcht, war aber kurz hinter der Tür so abrupt stehen geblieben, dass sie ihm mit voller Wucht in den Rücken geprallt war.

„Manny, nicht stehen bleiben! Du musst einfach weitergehen."

„Ja, Ma'am!"

„Hast du noch niemals eine Schwingtür gesehen?"

„Hmmm, ich kann mich nicht erinnern."

Manny wollte es außerdem einfach nicht gelingen, seine Füße zu koordinieren. Ständig stolperte oder fiel er im Café, was bei den Kunden für große Erheiterung und Anteilnahme sorgte.

„Ich gewinne mehr Freunde beim Hinfallen als andere Menschen beim Stehen und Gehen", sagte Manny in solchen Situationen immer. Auch Sara nahm er dadurch augenblicklich für sich ein.

* * *

„Ich habe eine Idee!", hatte Sara ausgerufen, als sie an einem Mittwochmorgen den Zwillingskinderwagen rückwärts durch die Eingangstür manövriert hatte. „Mehrere, um genau zu sein.

Aber zuerst brauche ich einen Café Americano mit einem doppelten Espresso. Ach nein, lieber mit der dreifachen Menge. Ich hab die ganze Woche nicht viel geschlafen."

Chelsea fiel auf, dass ihre Schwester tatsächlich etwas mitgenommen aussah.

„Der Immobilienmakler hat uns für die nächsten sechs Stunden aus unserem Haus verbannt. Wir haben heute nämlich gleich *drei* potenzielle Käufer, die sich von ihm *noch einmal* unser Haus zeigen lassen wollen!"

Chelsea freute sich für ihre Schwester. „Das hört sich vielversprechend an. Wollen Tony und du denn ein Gebot für das Haus am Sierra Lakes Parkway abgeben? Das scheint doch perfekt für euch zu sein!"

„Nein", gab Sara zögernd zur Antwort und suchte offenbar nach den richtigen Worten. „Es ist wirklich ein tolles Viertel, aber Tony und ich haben uns gegen das Haus entschieden. Es ist uns doch ein bisschen zu teuer und wir wollen uns finanziell nicht übernehmen."

Die Enttäuschung ihrer Schwester, die Sara nicht ganz verbergen konnte, traf Chelsea. Sie fühlte sich irgendwie mitschuldig daran, dass Sara nun doch nicht ihr Traumhaus im viktorianischen Stil kaufen konnte. Chelsea hatte die angekündigte finanzielle Unterstützung wegen ihrer eigenen prekären finanziellen Lage zurückziehen müssen.

Es war vermessen von mir, die gute Fee spielen zu wollen. Ich kann ja nicht einmal meine eigenen Träume wahr werden lassen.

„Bist du dir sicher, dass du so viel Koffein trinken willst?", fragte Chelsea, als Sara mit dem Kinderwagen die Theke erreicht hatte.

„Ich will den Kaffee ja nur in der Hand halten und daran riechen. Ist das so schlimm?"

„Wie wär's dann mit einem vierfachen Espresso?"

„Du bist so gut zu mir, Schwesterherz!"

„Manny, kommst du mal?", rief Chelsea in Richtung Küche.

Manny erschien in einem leuchtend orangefarbenen Shirt und mit einem breiten Grinsen im Gesicht. Irgendwie erinnerte er Chelsea in diesem Moment an ein Verkehrshütchen.

„Sie sind sicher Chelseas Schwester. Ich freue mich so, dass wir uns endlich kennenlernen!" Manny reichte Sara über die Theke hinweg die Hand. „Am Sonntag war ich in Ihrer Gemeinde im Gottesdienst."

Saras fröhlicher Gesichtsausdruck verriet, dass sie ihn wiedererkannte. „Ich kenne Sie doch – Sie sind der Domino-Mann!"

Manny strahlte über das ganze Gesicht und nickte mit dem Kopf wie ein Wackeldackel.

„Vielleicht sehen wir uns ja auch beim nächsten Gottesdienst! Sie könnten mein Schwesterherz mitbringen." Sara warf Chelsea einen neckenden Blick zu.

„Gern, ich verspreche auch, Sie nicht umzuwerfen, wenn ich falle!" Manny und Sara brachen in wildes Gelächter aus.

„Okay, Leute – das müsst ihr mir jetzt erklären: Was ist ein *Domino-Mann*?", fragte Chelsea etwas verwirrt.

Es dauerte eine Weile, bis Sara ihre Schwester, unterbrochen von Lachanfällen, endlich aufklären konnte.

„Wir stellen uns also alle fürs Abendmahl an ... Shirley Benson kriecht im Schneckentempo den Mittelgang entlang ... Sie ist wirklich ein Schatz, aber mal ehrlich, ich hab noch nie jemanden gesehen, der so langsam läuft wie sie. Dann kommt Manny und ..."

„Ich bin aus Versehen über Miss Shirleys Gehstock gestolpert und hingefallen. Dabei hab ich sie gestreift. Im Fallen hat sie sich an dem Mann festgehalten, der vor ihr gegangen ist ... und dann ging es immer so weiter."

„*Sechs* Leute sind umgefallen, Chelsea – wie Dominosteine!", ergänzte Sara. „Es ist ein Wunder, dass niemand verletzt wurde." Erneut brachen Manny und Sara in schallendes Gelächter aus.

„Wartet mal, das kann doch nicht sein." Chelsea wandte sich

zu Manny. „Shirley Benson ist gestern fit wie ein Turnschuh ins Café und zu dir an die Theke gekommen, Manny. Und wenn ich mich nicht irre, hat sie dir ein fettes Trinkgeld gegeben."

„Vielleicht hat der Sturz ihr ja gutgetan?", prustete Sara.

Chelsea musste lächeln. Auch wenn ihre momentane Lage alles andere als rosig war – in Momenten wie diesen war sie heilfroh, wieder zurück zu sein. Bei ihrer Familie.

* * *

„Also?" Chelsea hatte sich erwartungsvoll zu Sara gesetzt, die den Duft ihres Espressos inhalierte.

„Oh, der ist soo gut. Ich nehme nur einen winzigen Schluck", flüsterte Sara. „Aber erzähle es nicht den Kleinen."

Chelsea musste lachen. „Ach komm schon, Sara, du weißt doch, was ich hören will: Was hast du denn für eine grandiose Idee?"

„Natürlich." Sara nippte an ihrem Espresso. „Ich habe darüber nachgedacht, dass wir das Café mehr ins Gespräch bringen müssen."

„*Das* ist deine großartige Idee?"

„Nun ... ich überlege, ob ich nicht die *Tribune* anrufen sollte. Die könnten doch einen Artikel über die Wiedereröffnung schreiben. Außerdem möchte Tony ein Café in unserer Gemeinde initiieren. Wir haben ausreichend Platz dafür. Du könntest das Café betreiben und würdest dadurch bekannter werden."

„Das ließe sich machen. Ich könnte sonntags nach dem Gottesdienst Kaffee anbieten."

„Und was ist mit der *Tribune*?" Sara war sich bewusst, dass sie vermintes Gelände betrat.

„Das ist ein No-Go für mich", erwiderte Chelsea schroff. „Ich brauche keine Gefälligkeiten von Dad oder seinen alten Kumpanen."

„Ach komm schon! Dad arbeitet seit Jahren nicht mehr bei

der *Tribune*." Sara verdrehte genervt die Augen. „Außerdem hat er sich geändert."

„Das ist ja alles gut und schön, aber ich möchte nichts mehr von ihm wissen. Er hat sich vor langer Zeit entschieden, keinen Anteil an meinem Leben zu nehmen. Und das hat er ja auch gut hingekriegt. Also, hast du noch andere Ideen?"

„Um ehrlich zu sein, habe ich die *Tribune* schon angerufen. Bitte sei mir nicht böse. Sie schicken morgen jemanden vorbei, der ein Interview mit dir macht."

„Sara!"

„Chelsea, du brauchst dringend mehr öffentliche Wahrnehmung, wenn das Café ein Erfolg werden soll! Alles wird gut, vertrau mir."

Am liebsten hätte Chelsea ihrer Schwester eine Ohrfeige verpasst und wäre davongelaufen. Aber Sara hatte recht. Und außerdem wäre Chelsea ohne ihre Schwester ganz auf sich allein gestellt. Um Sara nicht zu verärgern, zwang sich Chelsea zu einem Lächeln.

„Also gut. Manny", rief sie zu ihrem *Mitarbeiter des Monats* hinüber. „Lass uns das Café auf Vordermann bringen. Die Presse kommt."

Kapitel 8

Der Reporter hatte sich für den nächsten Tag angekündigt, rechtzeitig zum morgendlichen Ansturm. Zumindest hoffte Chelsea, dass es einen Ansturm geben würde. Ein Interview in einem leeren Café wäre eine traurige Angelegenheit. Ebenso traurig vielleicht wie eine Geburtstagsfeier mit nur einem Gast. Doch darüber konnte Chelsea gerade nicht nachdenken. Im Moment gab es Wichtigeres zu tun.

Sie hatte sich schon alles für ihre Aufgabe zurechtgelegt: Ihre Cupcake-Rezepte waren auf der Kaffeetheke aufgereiht. Jede Geschmacksrichtung war einer besonderen Gelegenheit zugedacht. Erdbeere mit Schokoladenüberzug – romantisch. Ingwerbrot – heimelig. Flambierte Bananen mit Vanilleeis – luxuriös. Mousse aus weißer Schokolade – elegant. Dunkle Trüffelschokolade – dekadent. Geburtstagstorte – festlich ... Chelsea hatte eine schwierige Entscheidung zu treffen.

„Mom?"

Chelsea drehte sich um und erblickte vor sich die kleine Emily in ihrem Schlafanzug. Sie hielt ein Märchenbuch an sich gepresst. „Bringst du mich ins Bett?"

Chelsea warf schnell einen Blick zum Ofen. Sie hatte noch ein wenig Zeit, bevor die nächste Runde Cupcakes zum Backen bereit sein musste. „Manny?"

Manny lief direkt in die Schwingtür hinein, schaffte es aber, irgendwie zwischen den Flügeltüren hindurchzukommen.

„Würdest du bitte den Ofen im Blick behalten? Ich habe eine Verabredung mit einer sehr wichtigen kleinen Persönlichkeit."

Emily strahlte.

„Si, señora."

„Hasta mañana, Manny!", rief Emily noch, als sie fröhlich aus der Küche hüpfte. „Das ist Spanisch, Mom. Es bedeutet: Bis morgen."

* * *

Morgen. Oh nein. Es ist morgen!
Chelsea erwachte mit einem Ruck und sah auf die Clown-Uhr an der Wand. Halb sieben! Es war schon viel zu spät und sie saß in der Falle. Eingeklemmt zwischen ihrer schlafenden Tochter und der Zimmerwand.

„Alles aufstehen!" Chelsea warf das Märchenbuch, über dem sie am Abend zuvor eingeschlafen war, auf den Boden und kletterte aus dem unteren Etagenbett. „Kommt schon, Kinder, beeilt euch! Ich muss das Café aufmachen."

Chelsea gab Hancock den Auftrag, seine Schwester für die Schule fertig zu machen, dann raste sie die Treppen hinunter ins Café und strich sich dabei über ihre zerzausten Haare.

In Gedanken ging sie panisch all die Dinge durch, die sie noch erledigen musste. So sah sie zunächst nicht, dass der Boden blitzsauber war und die Kuchenauslage mit Erdbeer-Cupcakes gefüllt. Doch dann bemerkte sie den fantastischen Duft, der in der Luft lag.

„Was in aller Welt …" Chelsea blieb abrupt in der Tür zur Küche stehen. Niemals zuvor hatte sie so etwas gesehen.

Mousse aus weißer Schokolade. Erdbeere mit Schokoladenüberzug. Flambierte Bananen mit Vanilleeis. Mokka-Schokoladenchip. Butter-Pekannuss. Karamellcrème.

Auf der Edelstahl-Kücheninsel waren Chelseas beste Cupcakes zu Dutzenden aufgereiht. Doch nicht nur da. Chelseas Blick wanderte in der Küche umher, die mit ihren Cupcake-Kreationen geradezu übersät war. Sie schienen sich über Nacht vermehrt zu haben wie die Brote und Fische bei der Speisung der Fünftausend. Mit dieser Menge an Cupcakes würde sie zwar keine fünftausend Menschen satt machen können, aber dreihundert bestimmt.

„Guten Morgen, Boss."

Chelsea drehte sich um und stand Manny gegenüber, der von oben bis unten mit einer feinen Mehlschicht bedeckt war.

„Hast *du* das alles gebacken?"

„Ich wusste nicht, welche Rezepte du heute machen wolltest, deshalb habe ich es mit allen probiert." Manny zuckte mit den Schultern. Eine weiße Wolke stieg von ihm auf.

„Aber es gibt über hundert davon!", rief Chelsea entsetzt aus.

„Das brauchst du mir nicht zu erzählen." Manny gähnte herzhaft. „Nach Mitternacht habe ich dann angefangen, von jeder Sorte weniger zu machen."

„Unglaublich … du musst dich wirklich damit auskennen, wie man Zutaten streckt."

„Das habe ich von meinem Vater gelernt. Ich stamme aus einer großen Familie."

„Nun, ich weiß zwar nicht, wie du es gemacht hast", sagte Chelsea kopfschüttelnd, „aber die Cupcakes sehen einfach perfekt aus. Hast du sie schon probiert?"

Manny nickte. „Sie sind richtig gut."

„Welche denn?"

„Hmmm, eigentlich alle." Manny grinste verlegen. „Aber ich bin natürlich voreingenommen."

Chelsea nahm sich einen Cupcake, der nach einem Lieblingsrezept von ihr gemacht worden war: ein deutsches Rezept mit viel Butter und Schokolade, das einem auf der Zunge zerging. Sie biss hinein. *Himmlisch.*

„Aber was machen wir jetzt mit all diesen Köstlichkeiten?"

* * *

Chelsea machte den Mann in dem Moment als Reporter aus, in dem er das Café betrat. Er besaß eine beeindruckende Statur, hatte drahtige, leicht angegraute Haare und trug eine akademisch wirkende Brille aus Metall.

„Bill Davis. Ich habe früher mit Ihrem Vater zusammengearbeitet", sagte er, während er Chelsea die Hand schüttelte. „Geht es ihm gut?"

Es gab eigentlich nur zwei Tabuthemen für Chelsea. Eines davon war ihr Vater.

Klingeling! Chelsea atmete erleichtert auf, dankbar für die Rettung in letzter Sekunde. Und dafür, dass endlich ein erster Kunde das gähnend leere Café betrat.

„Eine Zustellung für Chelsea Chambers!"

Chelsea hob die Hand, um auf sich aufmerksam zu machen. *Oh bitte, hoffentlich nicht vom Finanzamt!*

„Der Absender ist Sawyer Chambers", sagte die Zustellerin und gab Chelsea ein kleines Paket.

Chelsea wusste, dass sie es nicht im Beisein des Reporters öffnen sollte. Aber sie konnte nicht widerstehen.

„Bitte entschuldigen Sie mich für einen Moment." Das Päckchen enthielt eine Pralinenschachtel, an die ein gefalteter Zettel geheftet war.

ES TUT MIR SEHR LEID. ENTSCHULDIGE, DASS ICH UNSER GELD VERLOREN HABE. ICH VERSUCHE, DAS WIEDER IN ORDNUNG ZU BRINGEN. SAWYER. PS: ICH HABE MIR GEDACHT, DASS PRALINEN SICHER VON DER KONTAKTSPERRE AUSGENOMMEN SIND.

Chelseas Gesicht brannte vor Wut.

Der Reporter holte sie in die Gegenwart zurück. „Also, wie geht es Sawyer denn so?"

Sawyer Chambers. Das zweite Tabuthema.

„Es sieht ja so aus, als ob Sie zwei sich gut verstehen würden", bemerkte Bill mit einem Blick auf die Pralinen. „Dann ist an den Internet-Klatschgeschichten also gar nichts dran?"

Chelsea wand sich innerlich. Sie fühlte sich gefangen wie ein

Reh im Licht der Scheinwerfer. Der Scheinwerfer eines Güterzuges. Und Bill war der Zugführer.

„Sehen Sie beide sich heute?", bohrte der Reporter weiter.

Platsch! Neben ihrem Tisch hatte Manny eine Schachtel Cupcakes fallen lassen, die beinahe auf Bills Schuhen gelandet wäre. Chelsea sprang auf und begann die Cupcakes aufzuheben. Sie entschuldigte sich bei Bill und war gleichzeitig noch nie so dankbar für Mannys ungeschickte Art gewesen wie in diesem Moment. Als sie sich wieder erhob, bemerkte sie, dass Manny viele Schachteln auf seinen Armen balancierte.

„Die sind alle fertig gepackt, Mrs Chambers."

„Fertig gepackt für *was*?"

„Für Ihre morgendliche Auslieferung."

Auf die Seite jeder Schachtel war mit großen Buchstaben eine Adresse geschrieben. Manche erkannte Chelsea wieder, andere nicht.

Bill reckte den Kopf, um die Empfänger zu entziffern. „Heilsarmee? St. Vincent-Stift für betreutes Wohnen? La-Bandera-Sozialwohnungen? … Kaum zu glauben, dass sich die Menschen dort eine solche Lieferung leisten können."

Chelsea schenkte Manny ein Lächeln. Endlich war bei ihr der Groschen gefallen.

„Wir verschenken diese Cupcakes. Ich trete damit in die Fußstapfen meiner Mutter, die das viele Jahrzehnte lang getan hat. Möchten Sie vielleicht mitkommen, Bill? Während der Fahrt können wir uns ja weiter unterhalten …", Chelsea nahm Manny die Schachteln aus der Hand, „… über das *Café*."

* * *

Ihre Fahrt durch die verschiedenen Stadtviertel öffnete ihnen wirklich die Augen. Nicht nur Bill, der jede von Chelseas Bewegungen in seinem Notizbuch festhielt, sondern ebenso ihr. Chelsea erkannte das San Antonio ihrer Kindheit kaum wieder.

Als junge Mädchen hatten Chelsea und Sara zusammen mit ihrer Mutter ehrenamtlich bei der Heilsarmee gearbeitet. Doch selbst an Thanksgiving hatte es nie derartig lange Schlangen vor der Essensausgabe gegeben wie an diesem Tag oder so wenige ehrenamtliche Helfer.

Die La Bandera-Sozialwohnungen waren total heruntergekommen. Zersprungene Fensterscheiben waren mit Holz oder Pappkarton notdürftig ausgebessert worden und boten den Bewohnern wenig Schutz vor der winterlichen Kälte. Die vernachlässigten Häuser standen in starkem Kontrast zu den Luxusapartments der bewachten Wohnanlage ganz in der Nähe.

Im St. Vincent-Stift wurden Chelsea und Bill von den Senioren begeistert begrüßt. Die alten Menschen freuten sich wie Kinder, als sie die Cupcakes sahen. Doch auch lange nachdem der letzte Cupcake verschwunden war, klammerten sich die Bewohner noch förmlich an den unerwarteten Besuch.

Da sah Chelsea *ihn*. Einen alten Mann, der am Fenster saß und mit einem Schlüsselbund spielte. Charles Hancock, ihr Vater! Aber das war nicht der Mann, den sie in Erinnerung hatte. Er war ergraut und sein greisenhaftes Äußeres erschreckte Chelsea. Sie erkannte ihn nur an seinen ausdrucksstarken braunen Augen – dem einzigen körperlichen Merkmal, das Chelsea von ihrem Vater geerbt hatte.

Vor dreizehn Jahren hatte Chelsea ihn zum letzten Mal gesehen. Seine Gesichtszüge, von Wut verzerrt, hatten sich in ihr Gedächtnis eingebrannt. Manchmal bescherte sein Wutanfall von damals Chelsea immer noch Albträume. Die Abscheu in seinen Augen. Der Zorn und die Enttäuschung in seiner Stimme. *„Du gibst alles auf, wofür du studiert und gearbeitet hast, um ... was?? ... Hausfrau zu werden?"*

Chelsea hatte das Gefühl, das alles sei erst gestern passiert. Doch an ihrem Vater sah sie jetzt, wie erschreckend viel Zeit seit damals vergangen war. Für diesen Zeitsprung fühlte sie sich nicht bereit.

Chelsea packte Bill am Arm und eilte auf die Tür zu. „Ich habe ja ganz die Zeit vergessen. Ich muss unbedingt zurück ins Café!"

Auf dem leeren Parkplatz vor ihrem Café ließ sie Bill aussteigen, der sich bedankte und dann schnell verabschiedete. Einen Moment lang saß Chelsea ganz still in ihrem Auto. Ihre Gedanken kreisten nur noch um ihren Vater. Sie musste ihn dringend wieder vergessen.

Kapitel 9

„GEMEINDE-HOPPING? SPRINGEN SIE DOCH MAL BEI UNS REIN. WIR HABEN SONNTAGS GEÖFFNET!", verkündete das Display vor dem Kirchengebäude. Chelsea musste unwillkürlich schmunzeln. Ihr Schwager, Pastor Tony Morales, hatte ein einnehmendes Wesen und einen ausgesprochenen Sinn für Humor. Kein Wunder, dass er und Sara so gut zusammenpassten.

Nun, nachdem Chelsea das Interview glimpflich hinter sich gebracht hatte, erfüllte sie ihr Versprechen, sonntags nach dem Gottesdienst Kaffee anzubieten. Die *Faith Community Church* war mit dem Auto nur fünf Minuten vom *Higher Grounds Café* entfernt. Die Gemeinde lag mitten in einem Viertel, in dem die Häuser kleiner und die Autos älter waren als im King William District. So mancher Vorgarten war hier zur Autowerkstatt umfunktioniert worden, überschattet von alten Bäumen.

Die Gemeinde traf sich in einem Gebäude, das einmal den Baptisten gehört hatte. Ausgetretene Betonstufen führten zur Kirche hinauf, deren rote Backsteine verwittert und ausgebleicht waren. Über dem Dach erhob sich ein schlanker Turm.

In den letzten zehn Jahren war Chelsea kaum im Gottesdienst gewesen. Entweder hatte Sawyer sonntags ein Footballspiel gehabt oder sich von einem erholt. Außerhalb der Saison hatte er am Wochenende gerne Golf gespielt oder war im Fitnessstudio gewesen. Chelsea hatte ihn nie überreden können, in die Kirche zu gehen.

„Das würde doch nur in einer einzigen großen Autogrammstunde enden", hatte er gesagt und damit sicher recht gehabt.

Chelsea hingegen hatte unerkannt in den Gottesdienst gehen können, auch wenn sie nicht oft davon Gebrauch gemacht hatte. In Dallas war sie Mitglied einer Megakirche gewesen, wo sie die

Kinder zum Kindergottesdienst hatte abgeben und unbehelligt in der letzten Reihe Platz nehmen können. Der Gottesdienstraum war so groß wie ein Flugzeughangar gewesen. Der Pastor hatte auf der riesigen Bühne wie ein Zwerg gewirkt, deshalb hatte sie den Gottesdienst lieber auf der Großleinwand verfolgt.

Doch als sie heute mit Hancock, Emily und Manny im Schlepptau durch die wuchtigen roten Türen in den Gottesdienstraum trat, stiegen angenehme Erinnerungen in Chelsea auf. Die Buntglasfenster, die in den Altar eingeschnitzten Worte Jesu „Solches tut zu meinem Gedächtnis", der Geruch der hölzernen Kirchenbänke – all das wirkte so vertraut. Fast schien es Chelsea, als könne sie wieder ihre Mutter singen hören: *Mir ist wohl ... mir ist wohl in dem Herrn!*

Ganz gleich, welchen Belastungen oder Widrigkeiten ihre Familie damals ausgesetzt gewesen war – Chelsea hatte sonntags auf der Kirchenbank immer ihren Frieden finden können. An diesen Teil ihrer Familiengeschichte erinnerte sie sich gern.

„Wir freuen uns so, dass ihr hier seid!", begrüßte sie Sara im bescheidenen Innenraum des Gebäudes. „Wir haben Großes mit dieser Kirche vor", verkündete sie. „Wie ihr wisst, ist Tony ein richtiger Visionär!"

Einen Visionär braucht es hier auch, dachte sich Chelsea. Wo sie im alten Bankettsaal nur abgenutzte Wände und einen verschmutzten Teppich sah, malte sich Tony schon einen Multimedia-Jugendraum aus.

Der Baseballplatz mit seinem aufgesprungenen Zementboden war für Tony der zukünftige Skatepark. Der mit Linoleum ausgelegte Eingangsbereich war für Chelseas „coole Coffee-Bar" vorgesehen – doch dafür müsste Chelsea wahre Wunder vollbringen.

„Eine *Stadt auf dem Berge*, wie es in der Bibel heißt – so sehe ich diesen Ort hier. Wenn unsere geplanten Veränderungen die Menschen in die Kirche bringen, dann kann das doch nur gut sein." Mit diesen Worten beendete ein begeisterter Tony seine Führung durch das Gebäude.

„Ich weiß nicht, ob mein Kaffeeausschank hier Leute zum Glauben bekehrt, aber ich hoffe doch, dass ich sie zu Higher-Grounds-Jüngern machen kann. Wir könnten nämlich ein paar mehr Kunden gut gebrauchen", flüsterte Chelsea, während Manny und sie ihre Coffee-Bar im Eingangsbereich einrichteten.

Als die Gemeindeglieder schließlich nach und nach die Kirche betraten, bekam Chelsea Zweifel, ob diese Leute wirklich zur Lösung ihres Problems beitragen könnten. Die meisten waren weit über sechzig und insgesamt war kaum ein Drittel der Kirchenbänke gefüllt. Tonys Leidenschaft und Vision in allen Ehren – das hier war keine lebendige, sondern eine sterbende Gemeinde.

„Bittet, so wird euch gegeben; suchet, so werdet ihr finden ..." Chelsea verfolgte Tonys Predigt aufmerksam. Sie wusste genau, um was sie Gott bitten würde. Um *Antworten*. Je mehr sie darüber nachdachte, desto mehr Fragen kamen ihr. Die Liste wurde länger und länger und Chelsea war noch immer nicht fertig damit, als der Gottesdienst längst zu Ende war.

Selbst am Abend in ihrem Bett dachte Chelsea noch über ihre Fragen nach. Aber sie konnte sich nicht dazu überwinden, Gott um Antworten zu bitten.

Kapitel 10

Beobachten und warten. Chelsea und Manny warteten an diesem Morgen ungeduldig darauf, dass die neue Zeitungsausgabe geliefert wurde, die den Artikel von Bill enthielt. Die *Tribune* wurde einmal wöchentlich an alle Cafés in der Stadt verteilt und Chelsea wollte die Erste sein, die die Zeitung in die Finger bekam.

Wenn das mit dem Café nichts werden würde, brauchte sie schnellstens einen Plan B. Ein paar Asse hatte sie im Ärmel. Eine Enthüllungsbiografie. Eine Pilgerreise. Ein Food-Blog. Ein Landhaus in der Toscana kaufen. Alles vollkommen legitime Wege, die Midlife-Crisis angemessen auszuleben. Und vielleicht erhöhte das auch ihre Chancen, einen kultivierten und tiefgründigen Mann kennenzulernen (sie war schließlich nicht vollkommen oberflächlich). Einen Mann, der all ihre Fehler und exzentrischen Neigungen und ihre Extrapfunde zu schätzen wusste.

Warum auch nicht? Bei Julia Roberts hatte das doch auch immer geklappt.

Doch nun war zunächst einmal die erste Rate an das Finanzamt fällig, und zwar in drei Wochen. Aber das tägliche Soll an verkauften Latte Macchiatos war längst noch nicht erfüllt. Was Chelsea jetzt wirklich brauchte, waren lange Menschenschlangen vor ihrem Café.

Bitte, Gott! Ist das denn zu viel verlangt?

„Hast du etwas gesagt?", fragte Manny plötzlich.

„Nein, ich habe nur … Ich hoffe, der Zeitungsartikel von Bill lobt uns in den höchsten Tönen!"

Beobachten und warten. Da … auf der Veranda war ein dumpfer Schlag zu hören – der Zeitungsjunge hatte die *Tribune* über das Geländer geworfen!

Chelsea und Manny rasten zur Tür.

Die Geschichte des *Higher Grounds Café* war der Leitartikel im Gastronomie-Teil.

„Nun kommt der Augenblick der Wahrheit, Manny", seufzte Chelsea und blätterte die Zeitung auf.

* * *

„Wenn es dem Higher Grounds Café in diesen Tagen gelingt, sich selbst neu zu erfinden, dann hat es eine reelle Chance, noch lange für seine Kunden da zu sein", zitierte Chelsea noch einmal den Reporter.

Bo nippte an seinem Cappuccino. „Also, mir hat der Artikel gut gefallen."

„Was hat Bill noch mal über den Kamin geschrieben?", fragte Sara. Sie war extra vorbeigekommen, um moralischen Beistand zu leisten, nachdem sie den Artikel in der Onlineausgabe der *Tribune* gelesen hatte.

Manny überflog den Artikel erneut. *„Chelsea Chambers und ihr Angestellter strahlen die Wärme eines heimeligen Kaminfeuers aus. Doch anders als ihre Vorgänger muss Mrs Chambers noch ein wenig ‚angefacht' werden."*

„Okay, Manny, das reicht schon", unterbrach ihn Sara abrupt. „Siehst du, Chelsea, du kommst bei den Leuten wie ein wärmendes Kaminfeuer rüber."

Aber heute glühte Chelsea noch nicht einmal – was nicht zuletzt daran lag, dass der Artikel alles andere als ein glühendes Lob auf das *Higher Grounds* enthielt.

Zwar hatte Bill Davis lobend das karitative Engagement des Cafés für die Bewohner der Stadt erwähnt, dieses aber gleichzeitig als überkommene *Tradition eines veralteten Familienbetriebes* gebrandmarkt. Den Kaffee hatte er „akzeptabel" genannt und die Cupcakes „göttlich", dann jedoch darauf hingewiesen, dass das Café dringend eine Modernisierung benötigte. Seinem Urteil nach gab es in einem Viertel, in dem modernes Design und überall frei zugängliches Highspeed-Internet als selbstverständlich galt, keinen Raum mehr für Nostalgie. Aber der wirkliche Abschuss kam in der letzten Zeile des Artikels: *„Das Higher Grounds Café hätte das Potenzial, zu einem angesagten Ort im Süden der Stadt zu werden, doch bislang ist es einfach ein gutes altmodisches Café mit ganz viel Herz."*

Chelsea war sofort aufgefallen, dass sich ein Schreibfehler in Bills abschließendes Urteil eingeschlichen hatte, sodass zu lesen war: „... *gottes* altmodisches Café mit ganz viel Herz."

„Da gibt es eine Zeile in diesem ganzen Artikel, die wirklich gut ist, aber man kann sie nicht einmal zitieren!", rief Chelsea theatralisch und sah kopfschüttelnd nach oben.

„Ich glaube, Gott hat dich gehört", sagte Sara grinsend, „... und weißt du was? Er interessiert sich tatsächlich dafür, was mit dir und dem Café passiert!"

„Ach Sara, mit dieser Einstellung wirst du immer *glücklich und zufrieden bis ans Lebensende* sein." Chelseas Einwand klang härter, als sie es beabsichtigt hatte. Sobald sie den verletzten Ausdruck in Saras Gesicht bemerkte, bereute sie ihre Worte.

„Also, Leute, ich denke, ich muss Tony jetzt mal von den Zwillingen erlösen." Sara versuchte zu lächeln. „Könnte ich vielleicht noch zwei Café Americano mitnehmen?"

„Einen für Tony zum Trinken und einen für dich zum Riechen?", fragte Chelsea.

„Vielleicht. Oder damit ich in jeder Hand einen Kaffee zum Riechen habe." Sara grinste.

Schließlich verließ sie das Café mit drei Americanos, für alle Fälle.

Noch lange, nachdem Bo seinen Cappuccino getrunken hatte, blieb er im Café sitzen. Er trommelte mit seinen Fingern auf dem leeren Kaffeebecher herum. Chelsea vermutete, dass ihm etwas auf der Seele brannte.

„Kann ich dir noch etwas bringen, Bo?"

„Ach nein, danke ..."

Chelsea setzte sich ihm gegenüber. Sie hatte ihn noch nie so gesehen. Aber irgendwie war es auch beruhigend, dass selbst ein so fröhlicher, ausgeglichener Mann wie Bo manchmal aufgewühlt war.

„Bo, bist du dir sicher, dass alles in Ordnung ist?"

Er wich ihrem Blick aus. „Nein, Chelsea, leider ist nicht alles in Ordnung." Er schien all seinen Mut zusammenzunehmen und fuhr fort: „Ich bin in den vergangenen sieben Jahren jeden Tag hier im Café gewesen. Während dieser Zeit hat mir deine Mutter viel über dich erzählt. Ich glaube, ich weiß, was sie dir jetzt gerne sagen würde."

Chelsea lehnte sich auf ihrem Stuhl zurück. Ihr Herz raste.

„Ich habe keine Ahnung, was du im Moment gerade durchmachst. Und du weißt nicht, was ich durchmache. Aber eines weiß ich genau: Gott kann dir helfen. Aber du musst ihn darum bitten."

Kaum hatte er diese Worte ausgesprochen, erhob sich der zögerliche Evangelist auch schon. „Nun entschuldige mich bitte, ich muss gehen. Ich hoffe sehr, dass ich nach diesen offenen Worten noch einmal wiederkommen darf."

Chelsea saß wie festgewurzelt auf ihrem Stuhl und suchte verzweifelt nach einer Antwort.

„Ich habe es versucht, Bo", brachte sie schließlich heraus, als er schon an der Tür war. „Ich habe versucht, um Hilfe zu bitten." Sie neigte ihren Kopf und seufzte. „Der Glaube an Gott fällt ... fällt mir schwer. Ich habe so viele Fragen. Und um ehrlich zu sein, habe ich auch viele Fehler gemacht."

Bo antwortete so, als wüsste er, wovon er redete. „Versuch es noch einmal. Bleib dran. Ich kann dir nicht versprechen, dass *ein* Gebet alles verändern wird. Aber es ist möglich."

Chelsea hatte den Eindruck, dass Bo Tränen in die Augen traten. Doch bevor sie sich dessen sicher war, wandte er sich ab.

* * *

Als ihre Kinder an diesem Abend endlich schliefen, kam Chelsea wieder ihre lange Liste von Problemen in den Sinn. Sie zermarterte sich den Kopf, wie sie sie lösen könnte. Aber sie hatte schon alles, was ihr einfiel, ausprobiert.

Versuch es noch einmal.

Es war schon lange her, dass Chelsea gebetet und es auch wirklich so gemeint hatte.

Sie suchte nach Worten, um ihre Probleme vor Gott zu benennen, aber alles, was ihr in den Sinn kam, waren vier einfache Worte. So einfach, dass Chelsea nicht wusste, ob sie als richtiges Gebet zählen würden.

„Gott, ich brauche Hilfe!"

Kapitel 11

„Du hast wirklich einen erlesenen Geschmack!", bemerkte Chelsea, während sie dem aufgeschäumten Milch-Sahne-Gemisch des Café Breve einen dritten Schuss Espresso hinzufügte.

„Der ist für meine Mom. Sie hat heute Geburtstag!", sagte der Junge, der nicht älter als zehn oder elf Jahre sein konnte. Doch seine Augen verrieten eine Weisheit weit jenseits seines Alters. Er war dünn und für die Jahreszeit viel zu leicht bekleidet.

„Wie wär's mit einem heißen Kakao für dich? Es ist heute sehr kalt draußen!"

„Ach, nein danke. Mir geht's gut."

Chelsea nahm das Kleingeld von der Theke, das der Junge für den Kaffee dort hingelegt hatte. Es fehlten 25 Cents, doch das behielt Chelsea für sich.

„Ich heiße Chelsea. Ich glaube, du bist zum ersten Mal hier, nicht wahr? Wohnst du in der Gegend?"

„Ich bin Marcus. Ich wohne ein paar Kilometer weit weg."

Chelsea fragte sich, ob er vielleicht von den Sozialbauten in La Bandera bis hierher gelaufen war.

„Weißt du was, Marcus? Dein Kakao geht aufs Haus. Und diese Blaubeer-Muffins hier auch", sagte sie und packte sie in eine Papiertüte.

In den vergangenen drei Tagen hatte Chelsea viel von ihrer Ware wegwerfen müssen, weil sie alt und trocken geworden war. Es war ihr wesentlich lieber, wenn ihre Kunden die Cupcakes und Muffins frisch genießen konnten.

„Wirklich? Cool … danke schön!!" Marcus schob erstaunt seine Baseballkappe zurück, die sein dichtes braunes Haar bedeckte. „Ich komme ganz bestimmt wieder. Um Sachen von Ihnen zu *kaufen*", betonte er ernst. „Bis nächste Woche!"

„Ja, bis dann", sagte Chelsea lächelnd.

Doch irgendwie hörten sich ihre Worte unaufrichtig an. Nachdem sie sich gerade erst bis ins Detail mit ihrer finanziellen Situation beschäftigt hatte, war ihr klar: Die Tage des *Higher Grounds Café* waren gezählt.

Der Monat neigte sich seinem Ende entgegen, aber für die erste Ratenzahlung ans Finanzamt fehlten ihr immer noch 8.500 Dollar.

Sie warf einen Blick auf die Uhr. Noch zwei Stunden bis Ladenschluss. Und sie musste noch 148 Latte Macchiatos verkaufen, um ihr tägliches Soll zu erfüllen.

„Manny", brüllte sie in Richtung Küche, „ich mach Schluss!"

Manny erschien in der Schwingtür. „Willst du für heute schon dichtmachen, Boss?"

„Nein, ich rufe einen Immobilienmakler an. Mit dem Café ist jetzt Schluss." Chelsea schloss die Augen, um sich zu sammeln und nicht vor Manny in Tränen auszubrechen.

„Oh nein, Chelsea! Das darfst du nicht tun!" Manny war nicht so gut darin, seine Gefühle zu kontrollieren. Er ließ sich auf einen Stuhl fallen und sackte verzweifelt in sich zusammen.

Chelsea klopfte ihm ermutigend auf den Rücken.

Moment mal, weint er etwa? Sollte nicht ich diejenige sein, die in Tränen ausbricht?

Manny schniefte. „Was willst du denn jetzt machen?"

Das war in der Tat eine sehr gute Frage.

Die erste Rate an das Finanzamt würde sie mithilfe ihrer rapide schrumpfenden Ersparnisse begleichen können. Wenn es ihr dann noch gelänge, das Café möglichst schnell zu verkaufen, wäre sie die Schulden ihrer Mutter los.

Doch was dann? Chelsea konnte im Moment nicht darüber nachdenken, wie es weitergehen sollte.

„Was ich *jetzt* machen will? Jetzt räumen wir erst einmal die Theke aus. Nimm dir von den Backwaren, was du haben willst."

* * *

Chelsea erinnerte sich daran, dass sie auf dem Rückweg von Debs Geburtstagsparty vor ein paar Wochen die Broschüre eines Immobilienmaklers mitgenommen hatte, der damit warb, die besten Immobilien in Alamo Heights zu vermitteln. Kaum zu glauben, dass sie damals drauf und dran gewesen war, ein viel zu großes Haus in einem teuren Vorort zu kaufen. Sie wählte die Nummer des Maklers, die auf der Rückseite der Broschüre angegeben war.

Dennis Darling – was war das bloß für ein Name?

Während sie mit Dennis, der seinem Namen alle Ehre machte, im Gespräch war, kam Emily mit einer Tüte Babykarotten in der Hand die Treppe heruntergesprungen. „Hey, Mom!"

Chelsea legte einen Finger an ihre Lippen und zog Emily sanft auf ihren Schoß. „Gut, dann bis morgen", sagte Chelsea. „Ich freue mich darauf, Sie zu treffen!" Sie beendete den Anruf.

„Warum lächelst du, Mom?", fragte Emily.

„Ich lächle doch gar nicht." Hastig kämpfte Chelsea gegen das Grinsen an, das sich in ihr Gesicht geschlichen hatte.

„Oh Mom, schau mal … Was ist denn mit Manny los?"

Chelsea folgte Emilys Blick und sah gerade noch, wie ein schniefender Manny mit einem warmen, klebrigen Schokoladen-Lavakuchen in der Küche verschwand.

„Ich glaube, Manny ist einfach richtig … hungrig."

„Dann sollten wir ihm vielleicht etwas Gesünderes zu essen besorgen!", schlug Emily vor.

Klingeling! Zwei beeindruckende Gestalten betraten das Café – ein muskulöser, dunkelhäutiger Mann und eine hochgewachsene blonde Frau mit leuchtend blauen Augen.

„Wow", entfuhr es Emily. „Macht ihr bei den Olympischen Spielen mit?"

Die Frau lächelte und wandte sich an Chelsea. „Wir sind hier, um Ihre Internetverbindung aufzurüsten."

Chelsea konnte ihren Akzent nicht richtig einordnen. Norwegisch vielleicht? Oder holländisch?

„Es tut mir leid, aber ich habe kein Upgrade bestellt." Chelsea stand auf und setzte Emily auf den Stuhl. „Manny?"

Manny kam mit Jammermiene aus der Küche. Sein Mund war voller Schokoladenkuchen.

Als er die Besucher sah, verschluckte er sich, hustete und spuckte Lavakuchen aus wie ein Schokoladenvulkan. Chelsea wusste, dass sie erst einmal keinen Lavakuchen mehr backen würde. Für sehr lange Zeit.

„Weißt du irgendwas über ein Internet-Upgrade?", fragte sie ihn.

Manny nickte zögernd. „Ist das Ihr kostenloses dreimonatiges Testangebot?", fragte er die Besucher.

„Genau das ist es." Die Armmuskeln des dunkelhäutigen Mannes spannten sich an, als er einen Metallkasten öffnete. „Es ist die beste Verbindung, die wir im Angebot haben." Mit diesen Worten platzierte er eine leuchtende Kugel vor Chelsea auf dem Tisch.

„Das ist wunderschön!" Manny bewunderte das seltsame Gerät. „Es ist allerdings kleiner, als ich gedacht hatte." Vorsichtig hielt er seine Finger über die Kugel. „Darf ich es berühren?"

Hatte Manny den Verstand verloren?

Schnell warf Chelsea ein: „Lass uns noch nichts berühren. Dieses Gerät sieht sehr teuer aus. Was sind Ihre Konditionen? Muss ich irgendetwas unterschreiben?"

„Nein, Sie erhalten das Gerät probeweise. Wenn Sie mit unserem Service nach Ablauf der drei Monate nicht zufrieden sind, entfernen wir den Router wieder. Keine Fragen, keine Kosten."

Chelsea war noch nicht überzeugt. „Ich bin eigentlich nicht so der Internetfan. Außerdem weiß ich gar nicht, ob ich in drei Monaten noch hier sein werde."

„Wo werden wir denn dann sein, Mom?" Chelsea hatte gar nicht bemerkt, dass Hancock die Treppe heruntergekommen war.

„Bei Daddy?" Emily sah Chelsea hoffnungsvoll an.

„Okay, genug jetzt!" Nach einem langen Tag voller unangenehmer Entscheidungen hatte Chelsea keine Geduld mehr für komplizierte Diskussionen. Sie wandte sich wieder dem Mann vom Internetservice zu. „Es kommen *keine* Kosten auf mich zu?"

„Absolut keine", bestätigte er.

Chelsea nahm den Router in die Hand. „Wie schnell können Sie ihn installieren?"

„Schneller, als Sie Amen sagen können!", erwiderte er mit einem Lächeln.

* * *

Chelsea sah dem außergewöhnlichen Paar noch hinterher, als es das Café verließ. Aufdringliche Vertretertypen gingen ihr auf die Nerven. Besonders solche, die wie Supermodels aussahen. Doch momentan war sie sogar von Manny genervt. Er wischte um sie herum den Boden und pfiff dabei eine lustige Melodie. Welchen Grund hatte er, plötzlich so fröhlich zu sein? Aber das war eigentlich auch egal. Ihr stand ein unangenehmes Gespräch bevor.

„Kommt, Kinder", rief sie. „Wir gehen nach oben. Abendessen!"

Chelsea war gerade auf der Mitte der Treppe, als sie die Türklingel hörte.

Mein letzter Kunde, dachte sie, beauftragte die Kinder damit, den Tisch zu decken, und schickte sie schon einmal vor. Dann ging sie wieder nach unten und bereitete feierlich „den letzten Latte Macchiato des *Higher Grounds Café*" zu.

Ihr Gast war ein nachdenklicher, ernster Mann namens Miles, der sich mit seinem Laptop an einen Tisch in der Ecke verzog.

„Ihre Internetverbindung funktioniert nicht", kommentierte er mit tiefer, dröhnender Stimme, als Chelsea ihm den Latte Macchiato an den Tisch brachte. Seine Augen blickten wie gebannt auf den Bildschirm.

„Das ist unmöglich", rief Manny, ließ den Wischmop fallen und kam herbeigelaufen.

Als er auf den Bildschirm blickte, quietschte er vor Vergnügen wie ein begeistertes kleines Schulmädchen.

„Was?", fragte Chelsea. „Was ist denn los, Manny?"

„Es funktioniert tadellos!"

Miles schnitt eine Grimasse. „Nein, da stimmt was nicht. Ich kann nur eine einzige Website aufrufen!"

„Na, dann hoffen wir mal, dass es wenigstens eine gute Website ist", scherzte Chelsea.

Manny klopfte Miles beruhigend auf die Schulter. „Vertrauen Sie mir", sagte er grinsend. „Sie werden nicht enttäuscht sein!"

Kapitel 12

In der Ferne läuteten Kirchenglocken. Es war Mitternacht, aber Manny fand keinen Schlaf. Nicht heute Nacht. Er saß kerzengerade auf seinem einfachen Klappbett und sah aus dem Fenster. Das Licht der Sterne durchbrach den Schleier der Nacht. Wie Diamanten auf einem samtenen schwarzen Tuch.

Unendlich, unzählig viele Sterne – so schien es. Aber Manny wusste es besser.

Jeder Stern war gezählt. Jeder Stern besaß einen Namen.

So wie jedes Sandkorn. Jedes Haar auf seinem Kopf. Jedes Ereignis des Tages, das ihm Sorge bereitete. Geschaffen. Gezählt. Wahrgenommen.

„Samuel?" Plötzlich erfüllte ein gleißendes Licht den Raum. „Oder sollte ich lieber ‚Manny' sagen?"

Manny kniff die Augen zusammen. Einen Moment lang war er geblendet von den hellen Strahlen. *Gabriel!*

Manny versuchte aufzustehen, aber seine Beine verweigerten ihm den Dienst. Mit weichen Knien sank er zu Boden. Seine Nackenhaare stellten sich auf. *Eine typisch menschliche Reaktion.*

„Tut mir leid. Ich bin immer noch dabei, mich an all das zu gewöhnen", sagte Manny entschuldigend und zeigte auf seinen Körper.

Gabriel streckte ihm die Hand hin und zog ihn wieder auf die Beine. „Das braucht seine Zeit."

Gabriel dominierte mit seiner großen Statur den ganzen Raum. Sein Körper war fest und klar geformt, aber dennoch durchscheinend, so als bestünde er aus reinem Licht. Makellosem Sonnenlicht. Seine Augen sprühten Feuer wie ein kosmischer Sturm und hatten eine glitzernde Aura wie das Nordlicht. Zum allerersten Mal konnte Manny nun am eigenen Leib nachvollziehen, wie majestätisch, ja sogar Furcht einflößend der Anblick der himmlischen Geschöpfe für ein menschliches Wesen sein konnte.

„Also hast du dich auch mal in meiner Lage befunden?", fragte Manny. Als er Gabriels Gesichtsausduck sah, fügte er schnell hinzu: „Natürlich, ich vergaß ... du darfst nichts über deine geheimen Missionen erzählen."

„So viel kann ich dir sagen: Einige meiner besten Momente habe ich in menschlicher Gestalt erlebt."

Manny lehnte sich neugierig näher zu Gabriel. „Kenne ich einige dieser Momente?"

„Ich kann dir die vielen Farben von Josefs Mantel genau beschreiben oder das Haus, in dem Martin Luther wohnte. Und ich weiß, was Abraham Lincoln gerne zum Frühstück aß."

„Siehst du, da habe ich mit meinen Ahnungen über deine Missionen doch recht gehabt!"

Gabriels Gesichtsausdruck wurde wieder etwas ernster. „Ich bin nicht hier, um über mich zu sprechen. Ich möchte wissen, wie es dir geht. Dein Plan scheint ja inzwischen großartig angelaufen zu sein."

„Tatsächlich? Ich hatte eher den Eindruck, dass wir vielleicht ein wenig spät dran sind. Chelsea will das Café schließen."

„Wir sind aufgehalten worden", erklärte Gabriel. „Wir stießen auf mehr Widerstand, als wir erwartet hatten. Schließlich musste sogar Michael gesandt werden, um uns zu helfen."

Mannys Kiefer klappte vor Erstaunen nach unten. „Michael? Der *Erzengel* Michael? Ich wusste es! Ich wusste, das im Café war er!"

„Das war nicht Michael."

„Wirklich nicht? Hmmm." Manny wurde nachdenklich. „Wie dem auch sei ... Michael und *ich* ... als Team in gemeinsamer Mission! Ich wünschte, ich hätte das sehen können, was du gesehen hast."

„Wer sagt denn, dass das nicht möglich ist?" Gabriel trat einen

Schritt vor und legte Manny eine Hand auf die Schulter. In dem Moment, in dem Gabriel ihn berührte, wurden Mannys Augen für neue Dimensionen geöffnet. Kürzlich stattgefundene Ereignisse zogen an ihm vorüber wie auf einem Bildschirm, aber aus himmlischer Sicht. Manny sah sich selbst, wie er Böden wischte und Latte Macchiatos oder Caffè Latte servierte. Die ganze Zeit über braute sich in der geistlichen Welt um ihn herum etwas zusammen. Gesichtslose Kreaturen, in Dunkelheit gehüllt, huschten durch die Straßen und sprangen über die Dächer der Häuser. Wo sie gewesen waren, hinterließen sie Schatten, die sich wie ein dichter Rußschleier über die Häuser des Viertels legten. Doch gerade, als die Kreaturen dabei waren, das ganze Viertel für sich einzunehmen, erschienen die Engel. Mächtige, strahlende goldene Gestalten kamen in die Straßen hinunter. Bei ihrem Anblick ergriffen die Dämonen die Flucht.

„Verstehst du jetzt, warum wir hier sind, Manny?", fragte Gabriel.

Manny blickte in das Gesicht seines Oberen und schüttelte den Kopf.

Gabriel berührte Manny noch einmal. „Sieh genauer hin."

Manny sah die Gesichter und hörte die Stimmen von Menschen, die er in den vergangenen Wochen lieb gewonnen hatte.

Er sah Bo, wie er in seinem Pick-up vor dem Café saß, den Kopf auf das Lenkrad gelegt. „Vater, bitte komm mit deiner Gegenwart und Stärke an diesen Ort."

Und dann Sara, wie sie vor dem Café stand, zu Chelseas Fenster im ersten Stock hinaufblickte, die Wangen feucht von Tränen. „Bitte segne meine Schwester, Herr."

Er sah Tony, wie er durch die Straßen des Viertels ging und mit leiser, fester Stimme betete: „Komm, Herr Jesus!"

Und dann sah er Chelsea. Mannys Herz tat einen Sprung. Es war Nacht. Sie saß mit hoffnungslosem Gesichtsausdruck allein auf ihrer Veranda und betete: „Gott, ich brauche Hilfe!"

„Sind ihre Gebete erhört worden?", fragte Manny.

Gabriel erwiderte: „Jedes einzelne!"

Manny konnte sehen, wie sich die Ereignisse weiter entfalteten. Plötzlich war er mittendrin. Er sprang und wirbelte herum und schien ein unsichtbares Schwert zu schwingen, als sei er in einen Kampf verwickelt.

Da ließ ein Blitzstrahl die Atmosphäre erzittern. „Michael!", rief Manny, als er sah, wie sich der Erzengel den Mächten der Finsternis entgegenstellte. Andere Engel formierten sich um ihn herum und durchbrachen gemeinsam die Reihen der Feinde. Und dann ...

„Jetzt!" Auf Michaels Befehl hin eröffneten die Engel einen Tunnel aus Licht, der die Finsternis durchbrach und das Café mit dem Himmel verband. Um diesen Zugang herum postierten sich die Engel, um Wache zu halten.

Der Himmel kämpft um die Menschen hier. Dieser Gedanke ließ Manny nicht los. Doch langsam begannen die Ereignisse vor seinen Augen zu verblassen.

„Manny ... Manny?"

Er sah Gabriel wieder in die Augen. Zum zweiten Mal an diesem Tag hatte Manny, der schmächtige Engel, Tränen in seinen Augen.

„Dieser Auftrag ist sehr wichtig, nicht wahr?"

„Ungeheuer wichtig. Aber das ist jeder unserer Aufträge, Manny."

Als Gabriel ihn verlassen hatte, arbeitete Mannys Verstand auf Hochtouren. Er hatte viele Fragen im Kopf – Fragen, nicht Zweifel, denn das ist etwas anderes. Sogar die tiefsten, quälendsten Fragen vermögen einen Menschen zu einem tieferen Glauben zu führen.

Es gab noch so vieles, das Manny nicht verstand. So vieles, von dem er nicht die geringste Ahnung hatte. Doch eines wusste er ganz sicher: Sogar in der dunkelsten Nacht konnte er immer zum Himmel aufschauen.

Irgendwann in dieser Nacht begann Manny die Sterne zu zählen und schlief darüber schließlich ein.

Kapitel 13

Chelseas Blick fiel auf eine Packung mit bunten Filzstiften, während sie nach möglichst fröhlichen Worten suchte, in die sie die schlechte Nachricht kleiden konnte. Doch ganz gleich, wie viele schöne Adjektive ihr inneres Wörterbuch zutage förderte, Emily und Hancock waren nicht davon zu überzeugen, dass ihre Zukunft „strahlend", „aufregend", „verheißungsvoll" oder „abenteuerlich" sein würde.

„Werden wir es schaffen?" Hancocks ernster Blick ging Chelsea durch und durch.

„Natürlich werden wir das!", beteuerte Chelsea, war aber selbst nicht überzeugt davon. Emilys ängstlicher Blick sprach Bände. Chelsea ergriff ihre Hand. „Wir haben doch immer noch uns! Mir wird schon etwas einfallen, keine Sorge."

Doch nachdem Chelsea sich stundenlang das Hirn zermartert hatte, war sie immer noch genauso schlau wie am Anfang. Und der große weiße Plakatkarton auf dem Küchentisch war immer noch unbeschrieben. Der Anruf ihrer Schwester kam da als willkommene Abwechslung.

„Ich will nur mal hören, wie es dir geht", sagte Sara.

„Mir geht's gut. Glaube ich. Hoffe ich. Ach ... dieser Ort hier ist einfach etwas Besonderes. Ich finde es scheußlich, dass *ich* das Café schließen muss. Es fühlt sich so an, als würde ich Mutter verraten. Und Großmutter auch."

„Bitte, gib dir nicht die Schuld. Mutter hat dir ja auch einen ordentlichen Berg Schulden vererbt. Und was Großmutter angeht ... ich habe ihren Schmuck schätzen lassen. Ich dachte, ich könnte ihn vielleicht verkaufen und dir helfen, deine Schulden abzutragen."

„Das könnte ich nicht annehmen, Sara!"

„Keine Angst, brauchst du auch nicht. Es ist alles Modeschmuck. Alles!"

Chelsea seufzte tief. „Als wir noch Kinder waren und unsere Familie durch schwierige Zeiten gegangen ist, habe ich immer geglaubt, das alles sei bloß Teil einer Aschenputtel-Geschichte. Irgendwann würde mich der Märchenprinz finden und auf seinem weißen Pferd mit mir davonreiten. Nun, das ist ja leider nicht passiert. Aber zumindest dachte ich, dass ich nie mehr jeden Cent würde umdrehen müssen."

„Hey, gib dein Märchen-Happy-End noch nicht auf. Ich habe noch einen Plan B."

„Tatsächlich?"

„Am Dienstag werde ich den Lotto-Jackpot knacken!"

Chelsea musste lachen. „Komm, schlaf jetzt lieber. Wir unterhalten uns ein anderes Mal weiter."

Nachdem sie aufgelegt hatte, starrte Chelsea erneut auf den großen weißen Plakatkarton. Schließlich griff sie kurzerhand nach einem schwarzen Edding und schrieb in kühnen, großen Buchstaben quietschend etwas auf die glatte Oberfläche.

Kein Zuckerguss mehr. Keine Regenbogennostalgie. Es war an der Zeit, endlich den Fakten ins Auge zu sehen und ein neues Leben zu beginnen.

Chelsea bewunderte ihr Werk. Da stand sie nun. Die einfache, klare Wahrheit, schwarz auf weiß.

DAS HIGHER GROUNDS CAFÉ IST WEGEN GESCHÄFTSAUFGABE GESCHLOSSEN.

* * *

Am frühen Samstagmorgen quälte sich eine müde Chelsea die Treppe ins Erdgeschoss hinunter, einen Kaffee in der einen und den Plakatkarton und Klebeband in der anderen Hand.

Sie war dankbar, dass nun der erste freie Tag seit vier Monaten vor ihr lag. Deshalb trug sie auch noch ihren Morgenmantel und Hausschuhe. Die Haare waren ungekämmt und ihr Gesicht ungewaschen. Es gab ja keine Kunden mehr, die sie beeindrucken musste. Keinen Kaffee mehr, den sie zu servieren hatte. Keine Flecken mehr, die sie von der Theke zu wischen brauchte.

Dachte sie jedenfalls.

Auf halbem Weg die Treppe hinunter erstarrte Chelsea plötzlich. Der Kaffeebecher fiel ihr aus der Hand und zersprang auf dem Holzboden.

Überall waren Leute! Durch die Ladenfenster hindurch sah sie, dass sich Massen von Menschen auf der Veranda drängelten oder auf dem Rasen vor dem Café lagerten. Ein Meer von Köpfen, die sich über Smartphones, Tablet-PCs und Laptops beugten. In der ganzen Umgebung wimmelte es nur so von Menschen. Und das Zentrum all dessen war das *Higher Grounds Café*.

Kapitel 14

„Ich weiß überhaupt nicht, was da los ist", sagte Chelsea, die mit Sara über Lautsprecher telefonierte. „Es geht hier zu wie im Kaufhaus kurz vor Weihnachten!" Durch die Ritzen der Jalousien im Kinderzimmer beobachteten Chelsea, Hancock und Emily die Menschentraube vor dem Haus, die immer größer wurde.

„Die sind überall, Tante Sara!", rief Hancock.

„Ich hab mal im Einzelhandel gearbeitet. Ihr müsst diesen Moment nutzen. Chelsea, öffne das Café!"

Chelsea zählte in Gedanken die Leute vor ihrem Haus. Das waren hundert Latte Macchiatos, mit Leichtigkeit.

„Es wäre super, wenn wir das Café mit einem richtigen Kracher schließen könnten", sinnierte Chelsea. „Ich werde Manny anrufen."

Er nahm sofort ab. „Bin schon unterwegs!"

Wenn jemand das kurze Gespräch mit angehört hätte, wäre er zu dem Schluss gekommen, dass Chelsea Manny über einen Traumurlaub oder einen Lotteriegewinn informiert hatte und nicht über einen zusätzlichen Arbeitstag. Irgendwie war seine Begeisterung seltsam gewesen. Aber so war Manny halt. Chelsea seufzte und murmelte: „Wenigstens ist Hilfe unterwegs."

Sie putzte sich die Zähne, schlüpfte in ein Sweatshirt und Jeans und ging dann nach unten.

Im Café angelangt, öffnete sie die Tür und bahnte sich einen Weg durch die Menge auf der Veranda. „Entschuldigen Sie bitte. Entschuldigen Sie." Als sie die Stufen zum Vorgarten erreicht hatte, rief sie laut: „Hallo, alle zusammen!" Keine Antwort. „Hallooooo!"

Köpfe schossen hoch von ihren Smartphones, Tablets und Laptops. Es war eine unglaubliche Mischung an Menschen unterschiedlichster Altersstufen, Hautfarben und sozialer Schichten. Hausfrauen, Studenten, Geschäftsleute.

Alle sahen sie an und für einen Moment fragte sich Chelsea, ob sie wirklich ihren Morgenmantel aus- und eine Jeans angezogen hatte. Unsicher fühlte sie nach ihren Hosentaschen. *Uff ...*

„Willkommen im *Higher Grounds Café*. In Kürze werden wir –"

„Hey Lady, sind Sie diejenige, die all die Fragen beantwortet?", rief einer der Herumsitzenden und warf seinen Zigarettenstummel auf das zertrampelte Gras.

„Welche Fra –", begann Chelsea.

Diesmal unterbrach sie ein Teenager. „Ist das wirklich Gott?"

„Natürlich ist es Gott!", rief eine alte Frau von der Veranda her und sah dann zu Chelsea. „Nicht wahr?"

„Über ... über was sprechen Sie überhaupt?"

„Ich gebe Ihnen hundert Dollar, wenn ich noch eine Frage stellen darf!", rief ein Mann mittleren Alters, der seinen Laptop auf der Haube seines eleganten Sportwagens stehen hatte.

Sein Kommentar löste einen Tumult aus.

„Das ist unfair!"

Im Vorgarten kam es zu chaotischen Zuständen. Alle redeten und riefen jetzt durcheinander und keiner schien mehr von Chelsea Notiz zu nehmen. So bemerkte auch niemand, dass sie wieder im Café verschwand.

„Kommen all diese Leute ins Café?", fragte Hancock. Emily sprang hinter ihm die Treppen herunter.

„Ganz ehrlich: Wenn sie nicht hier sind, um Kaffee zu kaufen, will ich sie auch nicht in unserem Vorgarten haben", bemerkte Chelsea trocken. „Irgendetwas Seltsames geht mit diesem Router vor sich."

Hancock und Emily folgten Chelsea in den Vorratsraum. Dort stand der Router zwischen Stapeln von Servietten und Tüten von Kaffeebohnen. Er sah jetzt vollkommen anders aus. Die Kugel strahlte nur so vor Energie. Irgendetwas in ihrem Inneren schien äußerst aktiv zu sein. Blaue Lichter durchzuckten die Kugel wie flammende Synapsen oder Blitzlichter in einem Gewittersturm. Dabei brummte die Kugel leise wie ein kleiner Ventilator.

Alle drei standen da wie erstarrt.

Schließlich fragte Emily: „Was tut es da, Mom?"

„Ich habe keine Ahnung, mein Schatz."

Das Gerät erleuchtete ihre Gesichter, als sie sich näher zu ihm beugten. Chelsea streckte die Hand nach dem Stromkabel aus.

„Bist du dir sicher, dass du das tun solltest?", fragte Hancock zweifelnd.

„Das werden wir gleich herausfinden." Chelsea zog den Stecker. Die Kugel verdunkelte sich und verstummte.

Mit dem leblosen Router in den Händen ging Chelsea auf die Veranda zurück. Die Menge vor dem Haus wirkte verwirrt. „Hey! Was ist denn mit dem ‚Gott-Blog' passiert?"

Dem Gott-Blog?

Chelsea hatte zwar keine Ahnung, worüber die Leute sprachen, aber wenigstens besaß sie jetzt ihre Aufmerksamkeit.

„Hört mal zu, Leute! Ich will zahlende Kundschaft. Wenn ihr euch jetzt alle der Reihe nach anstellt und in mein Café kommt, stöpsel ich den Router wieder ein, alles klar?"

Wie Schafe, die dem Ruf ihres Hirten folgen, sammelten sich die Menschen vor der Tür zum Café und bildeten eine Schlange, die noch meterweit den Gehweg entlangreichte.

Aber viel mehr noch als ihnen allen war Manny daran gelegen, den Router wieder in Gang zu setzen. Er war soeben im Café erschienen, außer Atem und gut gelaunt wie ein Golden Retriever. Für den Großkampftag hatte er sich in einen Nylon-Trainingsanzug geworfen, der sicher noch aus den frühen 90er-Jahren stammte. Außerdem trug er eine John-Deere-Baseballkappe und Turnschuhe mit hohem Schaft. Chelsea konnte nicht anders, sie musste einfach über dieses ulkige Ensemble lachen.

„Wo in aller Welt kriegst du deine Klamotten her, Manny? Kaufst du sie auf dem Second-Hand-Basar?"

„Nein, aber danke ... das ist ein guter Tipp!"

In diesem Moment trat eine ältere mexikanische Frau auf Chelsea zu und redete in schnellem Spanisch auf sie ein. Ihr langer, schwarz glänzender Zopf lag über einem farbenfrohen, bestickten Schultertuch, das sie eng um sich zog. Zunächst versuchte Chelsea noch, ihr zu folgen, aber nach ein paar Sätzen gab sie auf.

Manny kam ihr zu Hilfe und legte sanft eine Hand auf den Arm der Frau. Er redete beruhigend und aufmunternd mit ihr, was seine Wirkung nicht verfehlte. Sie ging zu ihrem Platz in der Warteschlange zurück. Doch ihr skeptischer Gesichtsausdruck wies sie als Zweiflerin in der Menge der Gläubigen aus.

Chelsea sah Manny erwartungsvoll an.

„Sie hat mich gefragt, warum all diese Leute hier sind", erklärte er.

„Und was hast du ihr geantwortet?"

„Vinieron a buscar a Dios", sagte Manny und lächelte. "Sie sind gekommen, weil sie Gott suchen."

Manny ging von der Veranda herunter in den Garten und rief den Wartenden zu: „Also gut, Leute! Ihr habt gehört, was die Lady gesagt hat. Stellt euch alle an und gebt eure Bestellung auf!" Er trieb die Leute in Richtung Eingangstür.

„Entschuldigen Sie bitte!"

Chelsea drehte sich um und erblickte einen attraktiven Mann mit graumelierten Haaren. „Sir, ich muss Sie bitten, wie die anderen auch zu warten, bis Sie an der Reihe sind."

„Ich wusste gar nicht, dass Sie noch andere Immobilienmakler bestellt haben!", antwortete er schmunzelnd.

„Dennis Darling!", rief Chelsea und schüttelte herzlich seine Hand. „Ich kann nicht glauben, dass ich unseren Termin vergessen habe. Heute geht es hier ein wenig ... na Sie sehen ja ... ein wenig verrückt zu!"

„Ich komme gerne später wieder. Heute Abend vielleicht? Wir könnten eine Kleinigkeit zusammen essen, über Ihre Wünsche sprechen und dann einen Rundgang durchs Haus machen."

„Wow, das hört sich nach einer sehr … persönlichen Betreuung an", bemerkte Chelsea leise lachend.

„Das ist der Dennis-Darling-Stil. Mögen Sie Pizza?"

„Sehr gern", antworte Chelsea erfreut. Dann fügte sie noch hinzu: „Meine Kinder übrigens auch."

„Wundervoll. Ich würde vorschlagen, wir sehen uns um sieben."

Dennis wirkte sehr selbstsicher und in sich ruhend und war außerdem noch unglaublich attraktiv. Chelsea versuchte sich vorzustellen, wie es wohl wäre, wenn er die Fassung verlieren würde, aber es gelang ihr nicht. Wahrscheinlich wäre das auch nicht der „Dennis-Darling-Stil". Chelsea bemerkte, wie sich die Leute im Café nach ihm umdrehten, während er sich einen Weg durch die Menge bahnte. Es sah fast so aus, als würde er seelenruhig wie ein Luxusdampfer durch ein Meer von Köpfen schippern.

* * *

Währenddessen gab Manny an der Theke eine Ein-Mann-Show. Die Schlange seiner Kunden reichte bis hinaus vor die Tür. Er schäumte Milch auf, mahlte Kaffeebohnen, nahm Bestellungen entgegen und rief die fertigen Bestellungen aus. Er wirbelte hinter der Theke herum wie ein Zauberer, und sein Trainingsanzug mit ihm. Es war Chelsea ein Rätsel, wie er plötzlich so schnell und wohlkoordiniert arbeiten konnte. Doch seine Energie und Freude waren ansteckend und bald summte Chelsea fröhlich vor sich hin.

„Boss, singst du etwa? Na, das wird ja auch Zeit!", rief Manny aus.

„Na ja, wir sind schließlich mitten im Finale, da ziehe ich alle Register", antwortete Chelsea und band sich eine Schürze um. „Jetzt lass uns kräftig Kaffee verkaufen!"

Während Chelsea und Manny einen Kunden nach dem anderen bedienten, konnten sie nach und nach das Mysterium des plötzlichen Kundenansturms enträtseln.

Der „Gott-Blog", wie er genannt wurde, war zuerst vom Sprecher der beliebtesten Radiosendung in San Antonio, „Miles am Morgen", entdeckt worden.

„Ja, der war gestern Abend hier. Ich wusste doch, dass ich diese Stimme irgendwoher kenne!", bestätigte Chelsea einem Kunden, der ein treuer Fan der Radiosendung war.

Nach seinem Besuch im Café hatte Miles all seinen Hörern erzählt, dass sie direkt mit Gott sprechen könnten, wenn sie den Internetzugang des *Higher Grounds Café* nutzten.

Und so waren die Leute in Scharen gekommen – jeder von ihnen mit einer Frage auf dem Herzen, die er Gott stellen wollte, und der Hoffnung, tatsächlich eine Antwort zu bekommen.

Chelsea war erstaunt, wie viele Zuhörer Miles seine Story abgekauft hatten, ohne Zweifel anzumelden.

Doch natürlich hatte der „Gott-Blog" auch gleich von Anfang an seine Skeptiker und Zweifler. Chelsea bemerkte eine Gruppe von Leuten, die im Vorgarten zusammenstanden, mit verschränkten Armen und einem besorgten Gesicht. Doch jedem Skeptiker stand auch ein „Gläubiger" gegenüber und nicht selten wurde Ersterer zu Letzterem.

„Dios esuchó mis oraciones." Die Spanischsprechende Dame mit dem schwarzen Zopf war wieder da und umarmte Chelsea stürmisch über die Theke hinweg. „Dios esuchó mis oraciones!", rief sie noch einmal aus und schluchzte. „Gott hat ihre Gebete gehört, sagt sie", erklärte Manny.

„Oh, ich freue mich sehr für sie." Chelsea entwand sich dem schraubstockartigen Griff der Frau. „Das kannst du ihr gerne übersetzen."

Doch aus der weinenden Frau brach ein bewegter Wortschwall heraus, der Manny keine Chance dazu gab.

„Sie sagt, dass sie Gott schon aufgegeben hatte. Doch heute hat Gott ihr gezeigt, dass sie ihm am Herzen liegt und er sich sogar an jedes ihrer unausgesprochenen Gebete erinnert."

Nachdem die Frau ihre Geschichte erzählt hatte, nahm sie

den bestickten Schal von ihren Schultern und hielt ihn Chelsea hin.

„Das ist ein Geschenk", erklärte Manny. „Für dich."

Chelsea lächelte unsicher, als sie das Geschenk entgegennahm. Sie konnte sich nicht erklären, was hier gerade passierte. Aber dass etwas Ungewöhnliches im Gange war, konnte sie nicht leugnen.

Kapitel 15

„Ich habe also diesem Mr Darling erklärt, dass ich doch nicht mehr daran interessiert bin, das Haus zu verkaufen!", sagte Chelsea. „Nicht im Moment jedenfalls. Könnt ihr euch das vorstellen: An einem *einzigen* Tag habe ich so viel Umsatz gemacht, dass ich die Hälfte meiner monatlichen Rate ans Finanzamt beisammenhabe. An *einem* Tag! So viel haben wir verkauft. Uns sind sogar die Kaffeebohnen ausgegangen. Ich musste doch tatsächlich den Router vom Strom nehmen, um die Leute zum Heimgehen zu bewegen!"

Tony und Sara saßen Chelsea und den Kindern am Esstisch gegenüber. Zwischen ihnen standen zwei offene Pizzakartons, die Dennis Darling netterweise dagelassen hatte. „Übrigens, ich glaube, ihr beiden solltet euch mal mit Dennis wegen eures Hauses unterhalten. Er scheint mir ein sehr guter Immobilienmakler zu sein."

„Weißt du", begann Sara mit einem breiten Lächeln, „gerade heute Nachmittag haben wir ein gutes Angebot für unser Haus bekommen und es angenommen!"

„Herzlichen Glückwunsch – dann haben wir ja heute eine ganze Menge Gründe zu feiern!", rief Chelsea aus. „Habe ich euch schon erzählt, dass in der Trinkgeldbox *tausend Dollar* waren? Könnt ihr euch das vorstellen?"

Tony räusperte sich. „Das ist wirklich schwer zu glauben", bemerkte er nachdenklich und sah Chelsea ernst in die Augen. „Ich bin ja ganz dafür, dass du dein Café mithilfe von Werbeaktionen für die Kunden attraktiver machst, aber was du dir da ausgedacht hast …"

Chelsea setzte sich aufrecht hin. „Ich habe mir das nicht ausgedacht, Tony. Komm mit, ich zeige es dir." Sie führte ihre Familie in den Vorratsraum. „Ich brauche den Router nur ans Stromnetz anzuschließen und schon fängt er an zu leuchten." Chelsea hantierte mit verschiedenen Kabeln. „So, seht ihr?"

Die Kammer wurde von einem bläulichen Glühen erfüllt. Tony sah sich den Router näher an. „Kein Markenname. Keine Seriennummer. Überhaupt nichts. Wer hat dir das Ding nochmal installiert?"

„Keine Ahnung. Ich dachte zuerst, die Adresse der Firma wäre auf dem Router, aber das ist sie nicht."

„Und es gibt nur eine Seite im Netz, die deine Kunden aufrufen können?", fragte Tony.

„So ist es."

„Und jemand antwortet auf all die Fragen der Leute?", wollte Sara wissen.

„Warum probiert ihr es nicht selbst aus?", schlug Chelsea vor.

Sara las laut vor, was auf der Seite des Blogs geschrieben stand: „Nur zu, frag mich. Ich werde dir antworten."

„*Das* ist alles? Und darauf fallen die Leute rein?", bemerkte Tony, der über Saras Schulter sah. Sie hatte sich sein Tablet geschnappt.

„Offensichtlich." Sara strich über den Bildschirm und las die verschiedenen Fragen und Antworten.

> Frage: *Dich gibt es in echt gar nicht, oder? Wenn es dich echt gäbe, hättest du meine Gebete schon vor Wochen erhört. Seit die Fabrik geschlossen ist, habe ich keine Arbeit mehr und ich hatte seitdem nicht ein einziges Vorstellungsgespräch. Dabei habe ich Hunderte von Bewerbungen losgeschickt. Meine Frau macht sich Sorgen. Ich habe Kinder und eine Hypothek auf unser Haus abzubezahlen. Und ich habe viele, viele Zweifel.*
> Antwort: *Stell dir mal vor, dein Kind würde etwas Ähnliches zu dir sagen:* „*Du bist gar nicht mein echter Vater. Seit einem Monat will ich jetzt schon ein neues Fahrrad haben. Wenn du wirklich mein Vater wärst, würdest du mir eins schenken!*" *Ist*

denn nur der ein echter Vater, der seinem Kind gibt, was es will? Nein, der echte Vater tut das, was für das Kind gut ist. So mache ich es auch. Ich weiß, dass du müde bist. Hab Geduld. Ich höre deine Gebete. Und ich kenne den Vorarbeiter in dem anderen Betrieb.
Frage: *Es fällt mir schwer, nachts Schlaf zu finden. Ich denke ständig über all die Herausforderungen nach, die am nächsten Tag auf mich zukommen werden. Warum kann ich bloß nicht einschlafen?*
Antwort: *Deine Nächte sind schlaflos, weil du zu viele Sorgen und Ängste mit dir herumträgst. Ich habe dich beobachtet. Warum gibst du deine Ängste nicht einfach mir? Hör doch auf damit, alles und jeden um dich herum in Ordnung bringen zu wollen, deinen Ehemann inbegriffen. Du musst nicht alles können und jeden im Griff haben. Ich habe dich schon lange nicht mehr lachen gehört. Dabei liebe ich es so, wenn du glücklich bist. Entspann dich! Und erinnere dich immer daran: Komm zu mir, wenn du müde und ausgelaugt bist. Ich kann dir helfen.*

Sara sah vom Bildschirm auf. „Also, ich finde die Antworten eigentlich total gut."

„Aber es ist doch trotzdem komisch, dass da jemand auf die Fragen der Leute antwortet und so tut, als wäre er Gott. Das ist eine ziemlich krasse Art, eine Website zu vermarkten", wandte Tony ein.

Sara las weitere Fragen vor wie: *Warum kann ich keinen Sinn in meinem Leben entdecken? Mein Ehemann vernachlässigt mich – wie kann ich seine Aufmerksamkeit erregen?*

„Oh, das hier ist sehr tiefgründig", sagte sie plötzlich schmunzelnd.

Frage: *Gott, bist du wirklich da?*
Antwort: *Ja, das bin ich.*

Chelsea brach in Gelächter aus. „Wer auch immer für diese Seite verantwortlich ist – er hat wirklich Sinn für Humor!"

Frage: *Lieber Gott, uns geht wegen der vielen Arztrechnungen für Carlas Behandlung langsam das Geld aus. Ich habe jetzt nur noch 800 Dollar auf dem Sparbuch. Kannst du mir vielleicht einen Hinweis geben, an welchem Spielautomaten ich es heute Nacht versuchen soll? Ich verspreche auch, dir die Hälfte von meinem Gewinn abzugeben! Liebe Grüße, Bronson.*
Antwort: *Lieber Bronson, bitte gib dein letztes Geld nicht beim Glücksspiel aus. Verwende es doch lieber dazu, deine Hypothek abzubezahlen und deine Schuldenlast etwas zu verringern. Vertrau mir. Bitte mich um Weisheit. Gib mir eine Chance, für euch zu sorgen. Und bitte grüß Carla von mir. Ich freue mich, dass sie sich langsam von der Operation erholt. In Liebe, Gott.*

„Wow, das ist eine absolut starke Antwort!", kommentierte Sara.
„Und sehr detailliert!", ergänzte Chelsea.
„Weiß Gott wirklich alles?", fragte Emily.
„Natürlich weiß er alles", antwortete Tony. „Aber er würde die Fragen der Menschen nicht auf irgendeinem dämlichen Blog beantworten." Er wandte sich an Chelsea. „Es muss sich um einen Algorithmus handeln. Wahrscheinlich stiehlt jemand Informationen über deine Kunden, indem er Internetcookies oder ähnliches verwendet."

„Aber warum sollte jemand das hier im Café tun?", fragte Chelsea nachdenklich.

„Sieh mal, Tony! Das hier ist von Miles", rief Sara aufgeregt.

Frage: *Ich tue mal so, als sei dieser Blog kein schlechter Scherz und spiele einfach mit ... Also: Lieber Gott, ich fühle mich meinem Sohn so fern. Er ist von seinen Videospielen total besessen. Gestern bin ich ausgerastet und habe seine Spiele einfach in den Pool geworfen. Daraufhin schrie er mich an, dass er mich hassen und bei der nächsten Gelegenheit weglaufen würde. Hilf mir. Miles.*

Antwort: *Lieber Miles, was siehst du die Videospiele in deines Sohnes Auge und nimmst den Laptop in deinem eigenen Auge nicht wahr? Verbring mehr Zeit mit Matthew! Er möchte, dass du ihn wahrnimmst. Du wärst erstaunt, wenn du wüsstest, wie sehr er sich mehr gemeinsame Zeit mit dir wünscht. Da ich es gerade erwähne: Dasselbe gilt natürlich auch für mich! Es würde mich freuen, bald wieder von dir zu hören. In Liebe, Gott.*

„Wie viele Fragen darf man denn stellen?" Hancock schien begierig darauf zu sein, den Gott-Blog selbst auszuprobieren.

„Nach dem zu urteilen, was die Leute hier im Blog schreiben, ist wohl nur eine Frage möglich."

„Und was wäre, wenn ich den Gott-Blog auf meinem Smartphone aufrufen und meine Frage stellen und mir dann das Smartphone meines Freundes ausleihen und es noch einmal versuchen würde?"

„Offenbar haben das schon viele Leute versucht", sagte Chelsea, „aber es hat nicht funktioniert. Es scheint so ... als ob der Blog alles mitbekommt."

Tony schaltete das Tablet aus und verstaute es in einer schmalen Neopren-Schutzhülle. „Okay, Chelsea, jetzt mal ehrlich: Wer steckt hinter dem Blog?"

„Aber es gibt doch nur Manny und mich hier im Café. Denkst du wirklich, dass es einer von uns beiden ist?"

„Es ist doch offensichtlich, dass es jemand hier im Café sein muss", antwortete Tony. „Das ist die einzig logische Erklärung!"

„Na ... probier es doch einfach mal selbst aus", schlug Chelsea vor.

„Das ist eine super Idee", rief Sara und nahm Tony das Tablet aus der Hand. „Komm schon, Tony, lass es uns ausprobieren. Also, wer von euch will eine Frage stellen?"

Emily und Hancock sprühten nur so vor Ideen.

„Frag nach der Zahnfee!"

„Nein, frag nach Dinosauriern. Oder Außerirdischen! Oder, warte ... frag lieber, ob wir wirklich zur Schule gehen müssen!"

„Das steht außer Frage", murmelte Chelsea.

„Ich hätte eine Frage", warf Tony ein. „Wenn es wirklich Gott ist, der hier antwortet – warum benutzt er dazu einen Blog?"

„Das ist eine gute Frage, die nehmen wir!", sagte Chelsea.

„Also gut, Tony hat das Rennen gemacht." Sara war schon dabei, die Frage zu posten. Alle scharten sich eng um sie und starrten erwartungsvoll auf den Bildschirm.

„Da ist sie schon!", schrie Hancock den anderen aufgeregt ins Ohr.

Sara zog das Tablet nahe zu sich heran und las den anderen die Antwort laut vor.

Lieber Tony, hast du dich je gefragt, warum ich Gideon durch ein Bündel Wolle und Bileam durch einen Esel geantwortet habe? Warum habe ich zu Hiob im Sturm gesprochen und zu Elia im sanften Windhauch? Mose habe ich durch eine Wolkensäule geführt und die Weisen durch einen Stern. Warum? Wenn du diese Fragen beantworten kannst, weißt du auch die Antwort auf deine Frage.

„Wahnsinn", entfuhr es Sara, „was für eine Antwort!"

„Das hätte jeder schreiben können", schnaubte Tony.

„Vielleicht. Aber *ich* habe die Frage eingegeben, die eigentlich du gestellt hast. Doch der Blog hat mit ‚Lieber Tony' geantwortet. Wie konnte er das wissen?"

„Weil es *mein* Tablet ist. Ich hab euch doch gesagt, es ist ein Algorithmus oder etwas anderes in die Richtung."

Hancock war es, der die einfachste Erklärung von allen hatte: „Vielleicht ist es Gott."

Kapitel 16

Chelsea wurde durch den Duft von frisch aufgebrühtem Kaffee geweckt. Sie öffnete langsam die Augen. Unmittelbar vor ihr stand Emily, breit lächelnd und mit einer dampfenden Tasse Kaffee mit riesiger Sahnehaube in der Hand.

„Ich habe dir einen Latte gemacht", sagte Emily und streckte Chelsea den Becher hin. „In der Mikrowelle geht das total schnell."

„Wow … Danke schön!" Chelsea rieb sich den Schlaf aus den Augen. Der Hochbetrieb, der in den vergangenen zwei Wochen im Café geherrscht hatte, war ermüdend gewesen. Dank des Gott-Blogs hatte das *Higher Grounds Café* nun zwölf Stunden lang geöffnet, sieben Tage die Woche. Zum ersten Mal seit Monaten konnte Chelsea wieder frei durchatmen. Zumindest, was ihre Finanzen betraf. Ihre ersten beiden Raten an das Finanzamt hatte sie schon vor Ablauf der Frist zahlen können und es war immer noch genug für einen weiteren Profibackofen übrig gewesen. Dadurch konnten Manny und sie nun der wachsenden Nachfrage nach ihren Cupcake-Kreationen besser nachkommen. Doch eine Frage kam Chelsea immer wieder in den Sinn und verunsicherte sie: Wie lange würde das alles anhalten?

Der plötzliche Erfolg des Cafés hatte nichts mit Chelsea zu tun, sondern allein mit dem Gott-Blog. Sie konnte sich die Ereignisse nicht erklären und sie schon gar nicht vorhersehen oder gar kontrollieren. Aber sie konnte auch nicht leugnen, was direkt vor ihren Augen geschah. Es fiel ihr nicht leicht zu glauben, und doch blieb ihr nichts anderes übrig, als jeden Tag aus dem Glauben zu leben.

Vermutlich strengte sie das zusätzlich an, denn sie war gerade zum zweiten Mal in dieser Woche einfach eingeschlafen, nachdem sie die Böden gewischt hatte.

„Wie lange habe ich denn geschlafen?", fragte Chelsea und nahm einen großen Schluck purer Sahne.

„Hmmm ... ich habe in der Zeit drei Matheaufgaben gerechnet."

Also mindestens dreißig Minuten.

„Das hast du gut gemacht, meine Süße!", rief Chelsea aus. „Komm, wir essen zu Abend und dann kann ich dir bei den restlichen Aufgaben helfen. Auf mich selbst warten auch noch ein paar Matheaufgaben." Sie führte Emily in die Küche.

„Bueno", flötete Emily, „Hancock para va la ... chinesisches Essen."

„Er hat *was* gemacht?"

„Er ist zum Chinesen gegangen, um Essen für uns zu holen. Mach dir keine Sorgen, er hat deinen Geldbeutel dabei."

„Er ist weggegangen? Warum hat er mich nicht aufgeweckt?"

„Er hat gesagt, dass du kein chinesisches Essen magst."

„Ihr geht nicht aus dem Haus, ohne mir Bescheid zu sagen!" Chelsea sah ihre Tochter streng an. „Haben wir uns verstanden?"

Emily nickte. „Bekommt Hancock jetzt Schwierigkeiten?"

„Warum sollte ich Schwierigkeiten bekommen?" In genau diesem Moment trat Hancock mit zwei großen, vollgepackten Lebensmitteltüten in die Tür.

„Du sollst nicht einfach so weggehen, ohne mir Bescheid zu sagen", schimpfte Chelsea. „Das weißt du doch!"

Hancock zuckte erschöpft mit den Schultern. „Du sahst so müde aus, da wollte ich dich nicht wecken."

Gerade wollte Chelsea ungehalten etwas erwidern, da kam ihr die Erkenntnis, dass Hancock wahrscheinlich schon eine größere Last trug, als es für sein Alter gut war.

Sie zeigte auf die Tüten. „Ich dachte, du wolltest chinesisches Essen holen?"

„Das wollte ich auch. Aber dann dachte ich mir, dass ich vielleicht lieber die Sachen kaufen sollte, die wir wirklich brauchen. Wir haben nämlich überhaupt nichts mehr im Kühlschrank."

Schlagartig bekam Chelsea ein schlechtes Gewissen. Seit einer Woche hatte sie schon vorgehabt, zum Supermarkt zu fahren.

„Unterwegs bin ich Bo über den Weg gelaufen und er hat mir angeboten, mich nach Hause zu fahren. Also hab ich so viel eingekauft, wie ich konnte." Hancock deutete hinter sich in den Flur, wo nun Bo zum Vorschein kam, der zwei weitere Einkaufstüten trug. Offensichtlich war ihm die ganze Situation sehr unangenehm.

„Es tut mir leid, wenn ich euch dadurch irgendwie Schwierigkeiten bereitet habe", murmelte er.

„Ach was, nein, das hast du nicht", versicherte ihm Chelsea und winkte ab. „Jeder versucht ja nur zu helfen. Aber wir müssen halt noch ein wenig an unserer Kommunikation arbeiten. Lernen, dieselbe Sprache sprechen. Nicht wahr?" Chelsea sah Hancock bedeutungsvoll an. Doch bevor er antworten konnte, flötete Emily: „Intiendo!"

Die anderen drei lachten.

„Was? Habe ich etwas Falsches gesagt?"

„Du hast genau das Richtige gesagt", erwiderte Chelsea und zog ihre beiden Kinder in eine Umarmung. „Also, was gibt es zum Abendessen?"

„Jetzt kommt mein Einsatz", ließ Bo sich vernehmen. „Ich kann eine ganz passable Marinara-Soße zubereiten und Hancock hat mir versichert, dass er die Kunst des Spaghettikochens gemeistert hat. Wenn ihr Ladies also nichts dagegen habt, heute Abend uns Männern das Kochen zu überlassen, könnten wir das Essen ganz schnell fertig haben. "

Das war eine Sprache, die Chelsea nur zu gut verstand.

* * *

„Geht es dir gut? Du bist so ruhig da oben!", fragte Chelsea und schlüpfte aus dem unteren Etagenbett.

Emily hatte gerade eine fesselnde Nacherzählung ihrer Lieblingsgeschichte beendet: „La Princesa y la ... Erbse." Sie sollte diese Geschichte am kommenden Tag im Spanischunterricht präsentieren und hatte mit Chelsea noch ein wenig üben wollen. Chelsea war begeistert davon, wie schnell ihre Tochter Spanisch lernte.

Hancock antwortete ihr nicht. Chelsea richtete sich auf und stellte sich an das obere Bett. Ihr Sohn lag regungslos da, die Augen starr auf die Zimmerdecke gerichtet. „Ist alles in Ordnung?", fragte sie.

Hancock seufzte tief und wandte ihr sein Gesicht zu. Chelsea hatte zwar immer noch nicht gelernt, die Sprache eines zwölfjährigen Jungen zu sprechen, aber sie war sich in diesem Moment sicher, dass Hancock mit ihr reden wollte.

„Hat es mit der Schule zu tun? Hast du da Ärger mit deinen Freunden?"

„Ich habe keine Freunde. Also hab ich auch keinen Ärger. Na ja, egal ... Ich bin eben als Letzter in die Klasse gekommen und alle hatten schon ihre Freunde gefunden."

Hancock tat Chelsea leid. All die Veränderungen der letzten Monate waren schon für sie ziemlich hart gewesen. Wie mochte es dann erst für einen Zwölfjährigen sein, der gerade in die Mittelstufe gekommen war? „Was geht dir durch den Kopf?"

Hancock stützte sich auf einen Ellenbogen. „Die ganze Zeit dreht sich immer nur alles um das Café. Ich möchte, dass unser Leben wieder normal wird, so wie früher."

„Ich weiß, dass die letzten Wochen sehr stressig waren, aber wir sind noch in der Übergangsphase. Weißt du, wir lernen jetzt, mit einer *neuen Normalität* zu leben."

„Und warum können wir nicht einfach zur *alten* Normalität zurückkehren?"

Ihr Sohn wusste sehr genau, dass er damit Salz in Chelseas Wunden streute. Und obwohl er die Antwort selbst kannte, musste er diese Frage einfach stellen. Seine blauen Augen füllten sich mit Tränen.

„Wir müssen nach vorne schauen, wir haben keine andere Wahl. Du willst doch sicher keine Mom haben, die nicht weiß, wie man ein Geschäft führt und die ihre Kinder nicht versorgen kann?" Chelsea drückte tröstend Hancocks Hand. „Aber ich verspreche dir, dass ich versuchen werde, mir mehr Zeit für euch beide zu nehmen. Selbst, wenn das bedeutet, dass ich noch jemanden einstellen muss."

„Versprichst du das wirklich?", fragte Hancock mit leiser, zitternder Stimme.

„Ich verspreche es *wirklich*", sagte Chelsea aus tiefstem Herzen.

Hancock hatte wohl an ihrer Stimme gehört, dass sie es ehrlich meinte, denn eine schwere Last schien von ihm abzufallen.

In diesem Moment wusste Chelsea, dass sie alles tun würde, um ihr Versprechen zu halten.

Kapitel 17

„Der Saturn hat mich hierher geführt. In meinem Horoskop stand heute Morgen, dass ich bezüglich meiner beruflichen Tätigkeit auf ‚Kunst, Lebendigkeit und Wertigkeit' achten soll. Und als ich dann von der Zeitung aufblickte, sah ich es. Das Zeichen war direkt vor meinen Augen."

Chelsea wurde neugierig. „Was für ein Zeichen?"

„Das Logo des *Higher Grounds Café*", antwortete Katrina. „Das war wirklich verblüffend. Natürlich liegt es auch daran, dass der Saturn gerade das Tierkreiszeichen Skorpion durchläuft. Ich bin Skorpion."

„Natürlich."

Katrina war schon die dritte Anwärterin auf die offene Stelle im *Higher Grounds*. Sie trug eine Ethno-Kette mit Halbedelsteinen, ein Batikshirt und einen langen, weiten Rock. Ihr eher kantiges Gesicht wurde von einer wallenden roten Löwenmähne umrahmt. Ihre Augenlider und Lippen schimmerten silberfarben.

„Und du erwartest bei der Arbeit hier im Café *Kunst, Lebendigkeit und Wertigkeit* zu finden?"

„Aber ja, na klar doch!" Katrina wirkte erstaunt. „Schließlich ist Kaffee weltweit die begehrteste Handelsware – nur noch übertroffen von Öl."

„Wow, ich hatte ja keine Ahnung!"

„Man kann einen Tag gut ohne Silber oder Gold überleben. Aber ohne Kaffee? Nein danke!"

„Da bin ich ganz deiner Meinung", stimmte Chelsea ihr zu.

Irgendwie hatte sie bei Katrina ein gutes Gefühl. Sie rief Manny zu sich an den Tisch. „Es sieht so aus, als hättest du eine neue Barista-Kollegin an deiner Seite. Das hier ist Katrina. Nachdem ich mit den anderen beiden Jobanwärtern gesprochen habe, glaube ich, dass sie der Himmel schickt. Hast du Fragen an sie, bevor ihr gemeinsam loslegt?"

* * *

Manny sah die junge Frau prüfend an. Ihrem exotischen Äußeren nach zu urteilen bestand tatsächlich eine gewisse Chance, dass der Himmel sie geschickt hatte. Es gab nur einen Weg, das he-rauszufinden. Manny kreuzte die Arme über der Brust und feuerte seine Fragen auf sie ab.

„Wo kommst du her?"
„Ich bin gerade aus Phoenix hergezogen."
„Und wem erstattest du Bericht?"
„Meinem Onkel Frank, denke ich. Bei ihm wohne ich jedenfalls."
„Was weißt du über den Gott-Blog?"
„Den ... was? Ich bin nicht so der Computerfreak."
„Kannst du gut mit Menschen umgehen?"
„Nicht so gut wie du", gab Katrina trocken zurück.

Manny musste grinsen und er stellte das Verhör ein. Wenige Augenblicke später arbeiteten Katrina und er einträchtig nebeneinander hinter der Theke.

Kapitel 18

Verglichen mit der Quasselstrippe Manny verlor Katrina bei der Arbeit nicht viele Worte. Das lag aber nicht etwa daran, dass sie schüchtern oder unbeholfen gewesen wäre. Sie war einfach nur der Überzeugung, dass ihre Arbeit – oder ihre *Kunst*, wie sie es nannte – für sich sprach.

Und – oh! – welch eine überzeugende Sprache sie sprach!

Als kleines Dankeschön, dass Chelsea sie eingestellt hatte, bereitete ihr Katrina ihr Lieblingsgetränk zu, einen einfachen Latte. Doch es stellte sich heraus, dass dieser Latte alles andere als „einfach" war.

Chelsea beobachtete, wie Katrina zwei Schuss Espresso in eine blütenweiße Tasse gab. Dann schäumte sie die Milch bis zur Perfektion auf. Aber sie löffelte den Schaum nicht einfach so über den Espresso. Oh nein! Katrina klopfte das Edelstahlkännchen sanft auf die Theke und löste dadurch größere Luftblasen im Milchschaum auf. Dann goss sie den Schaum vorsichtig über den Espresso, wobei sie das Kännchen hin- und her schwenkte, um zu verhindern, dass sich der Schaum und die Milch wieder voneinander trennen. Sie vollführte ein paar kunstvolle Handbewegungen und präsentierte Chelsea wenige Sekunden später ihr Meisterstück: Einen Latte mit einer Schaumkrone in Form des Planeten Saturn.

„Das ist wunderschön! Danke, Katrina."

Chelsea war zutiefst dankbar. Nun, wo Katrina da war, blieb ihr genug Zeit, um ihren neuen Ofen mit Backwerk zu füllen und gemeinsam mit ihren Kindern zu Mittag zu essen. Entzückt beobachtete sie, dass Katrina von den Stammkunden schnell ins Herz geschlossen wurde.

Am Nachmittag kam eine quirlige Familie ins Café, die gerade erst nach San Antonio gezogen war. Da ihr Akzent sie als New Yorker verriet, servierte Katrina ihnen einen Gruß von zu Hause – Cappuccinos, die mit einem Bild der Freiheitsstatue verziert waren. Der Familienvater gab ihr 50 Dollar Trinkgeld. Etwas später, als im Café gerade Flaute herrschte, beobachtete Katrina fasziniert, wie sich die New Yorker Familie in den Gott-Blog einloggte und dann mit Dankestränen in den Augen zu beten begann.

Chelsea fragte Katrina: „Hast du den Gott-Blog schon ausprobiert?"

„Nein. Ich finde das gar nicht so einfach, wenn man nur eine einzige Frage stellen darf. Ist das denn wirklich echt?"

„Natürlich ist der Blog echt!", warf Manny ein. „Ist es denn so schwer zu glauben, dass Gott die Fragen von Menschen durch einen Blog in einem Café beantwortet?"

„Nun, wenn du es so ausdrückst, Manny ...", begann Chelsea, doch dann brachen Katrina und sie in Gelächter aus.

„Denkt doch mal nach", beharrte Manny. „Der Schöpfer des Universums ist dazu bereit, eure tiefsten Fragen zu beantworten ... und ihr wollt ihm nicht einmal eine Frage stellen? Was, wenn Gott sich wirklich am anderen Ende der Internetverbindung befindet?"

Chelsea dachte über Mannys nicht von der Hand zu weisende Argumentation nach – doch nur für einen Moment. Dann begannen die Lichter im Café zu flackern und mit einem Mal war alles dunkel.

Mithilfe der Taschenlampen-App auf ihrem Smartphone untersuchte Chelsea den Sicherungskasten in der Speisekammer. Sie betätigte einige Schalter, doch ohne Erfolg. Da musste ein Experte ran.

„Tut mir leid, Leute!", rief sie ins Café hinein. „Es sieht so aus, als müssten wir heute früher schließen."

Katrina und Manny verteilten als kleine Entschädigung Cupcakes an die Kunden, die nach und nach das Café verließen, während Chelsea auf Hancocks Vorschlag hin ihren Nachbarn anrief.

Bo war sofort mit einer Taschenlampe zur Stelle. „Ich glaube, dass die Ursache des Problems genau hier liegt", brummte er und richtete den Lichtkegel auf Chelseas neuen Gastronomie-Ofen. „Du kannst von Glück sagen, dass kein Feuer ausgebrochen ist. Mit den Aluminiumkabeln in diesen alten Häusern muss man sehr vorsichtig sein."

„Was denkst du, wie viel es kosten wird, das in Ordnung zu bringen?" Chelsea stellte sich auf das Schlimmste ein.

„Ach, mehr als hundert Dollar sollten da nicht zusammenkommen. In ein paar Stunden habe ich die Kabel, die zum Ofen führen, erneuert. Irgendwann solltest du allerdings mal alle Aluminiumkabel austauschen lassen, aber bis dahin bastle ich dir eine Übergangslösung."

„Du meinst, *du* kannst das für uns reparieren?"

„Unter einer Bedingung."

„Ja?"

Bo ließ das Licht seiner Taschenlampe über Hancock und Emily gleiten. „Du unternimmst heute Abend mal was mit deinen Kids. Ihr seht so aus, als könntet ihr alle ein wenig Abwechslung brauchen."

* * *

Chelsea war zufrieden. 48 Stunden nachdem sie Hancock ihr Wort gegeben hatte, dass sie sich künftig mehr Zeit für ihn und Emily nehmen würde, konnte sie ihr Versprechen schon erfüllen.

Nur 48 Stunden später! Ich möchte mal wissen, ob Sawyer das geschafft hätte.

Das absolute Sahnehäubchen war noch, dass im örtlichen „Oldie-Kino" gerade Hancocks Lieblingsfilm gezeigt wurde.

„Vier Tickets für *Star Wars* bitte!"

Nach Mannys schockierendem Geständnis, noch nie Star Wars gesehen zu haben, hatte Hancock darauf bestanden, dass er sie begleitete.

Chelsea wusste nicht, was ihren Kindern mehr Freude bereitete: den Film zu schauen oder Manny zu beobachten, während er sich den Film anschaute. Emily und Hancock gerieten außer sich vor Lachen, als Manny beim Anblick von Darth Vader vor Schreck zusammenzuckte und sein Popcorn über die Sitze verteilte. Der Tod von Obi-Wan Kenobi machte ihm schwer zu schaffen, doch als Luke Skywalker mit einem Protonentorpedo endlich den Todesstern zerstörte, hielt Manny nichts mehr auf seinem Platz.

Zurück im Café stellte Chelsea zu ihrer Erleichterung fest, dass der Strom tatsächlich wieder da war, so wie Bo es versprochen hatte. Er hatte eine Nachricht für sie zurückgelassen und unter seinen Namen noch einen Bibelvers gekritzelt, der Chelsea vertraut war: „Der Herr ist nahe allen, die ihn anrufen, allen, die ihn ernstlich anrufen." (Ps. 145,18)

Chelsea schloss die Augen, um diesen Moment festzuhalten. Zum ersten Mal seit sehr langer Zeit fühlte sie sich nicht hilflos oder allein. Im Café hatte sie endlich genug Hilfe. Bo erwies sich immer mehr als rettender Engel. Und Hancock und Emily begannen langsam, sich an die „neue Normalität" zu gewöhnen.

Chelsea ging nach oben in ihre Wohnung, um die Kinder, die schon mal vorgegangen waren, ins Bett zu bringen. Doch bevor sie die Tür zum Kinderzimmer öffnen konnte, ertönte von drinnen lautes, fröhliches Gelächter. Sie hielt inne.

„Es war so cool!", sagte Hancock. „Du musst ihn einfach kennenlernen, Dad! Er hat die ganze Zeit entweder vor Angst geschrien oder laut gejubelt!"

„Und er hat sein Popcorn über uns geschüttet!", ergänzte Emily.

Sawyers Lachen drang durch den Lautsprecher des Smartphones bis in den Flur.

„Ich wünschte, du hättest dabei sein können, Dad!"

Sawyer. Chelsea hatte immer noch keine Ahnung, wie er in ihre „neue Normalität" hineinpassen sollte.

„Hey Dad, wenn wir das nächste Mal einen Familienausflug machen, musst du unbedingt mitkommen, ja?", bat Hancock.

„Das hört sich gut an. Aber das muss eure Mutter entscheiden, okay?"

Kapitel 19

Manny musste genau hinschauen, aber dann sah er es. In der Tasse begann sich ein Bild zu formen. Während er konzentriert den Kaffeebecher hin- und her schwenkte und den feinen Milchschaum hineingoss, marmorierte die elfenbeinfarbene Flüssigkeit den samtbraunen Espresso. In der vergangenen Woche hatte er sich einiges von Katrina abgeschaut und viel mit dem Espresso und Milchschaum geübt.

Auch wenn er fast gar nichts über ihr neues Teammitglied wusste, hatte er Katrina doch ins Herz geschlossen.

Das kurze Kreuzverhör, dem er sie unterzogen hatte, hatte die Theorie zunichtegemacht, dass sie vielleicht auch ein Engel sein könnte.

Dennoch hatte er so eine Ahnung, dass es mehr als nur der Planet Saturn war, der sie hergebracht hatte.

„Ich muss Gabriel wegen Katrina fragen", murmelte er, während er den Latte mit einer letzten geschickten Bewegung des Handgelenkes fertig zubereitete. Sein Blätterdesign sah zwar mehr nach einem Maiskolben aus, aber es war auf alle Fälle eine Verbesserung, verglichen mit dem geisterhaften Schaumklecks vom Tag zuvor.

Manny hatte die ruhigen Morgenstunden im Café zu schätzen begonnen. Chelsea hatte ihn gebeten, die morgendliche Vorbereitung im Café zu übernehmen, damit sie mehr Zeit mit den Kindern verbringen konnte. Nicht jeder Angestellte wäre angesichts dieser Zusatzaufgabe begeistert gewesen, doch Manny war sofort eingesprungen (und sogar auf seinen Füßen gelandet).

Seitdem der Gott-Blog online gegangen war, hatte sich das Café zu einem quirligen, lebhaften Begegnungsort entwickelt. Doch sosehr sich Manny auch über die vielen Gäste freute, waren ihm die ruhigen Momente in Großmutter Sophias kleinem Gebetskämmerchen doch am liebsten.

Er hatte es entdeckt, weil er flüsternden Stimmen zu einer Tür gefolgt war, die sich unweit des Treppenaufgangs in der hinteren Caféwand befand. Er hatte die Falttüren zur Seite geschoben und zu seinem Erstaunen einen kleinen Wintergarten vor sich gesehen, erfüllt mit Nostalgie und Stimmen der Vergangenheit. Er hatte den Anblick in sich aufgesogen – die cremefarben gestrichenen Wände, die schönen alten Truhen und Kistchen, die Antiquitäten und den Krimskrams vergangener Zeiten. Feine Spitzenvorhänge umrahmten ein Erkerfenster, hinter dem gerade die Morgendämmerung hervorkam. Davor stand ein Ohrensessel mit einem Kissen, auf das fein säuberlich die Worte *Wir leben von Kaffee und Gebet* eingestickt waren.

Manny trank seinen Latte und genoss diesen Ort. Das Raunen steigerte sich zu erkennbaren Worten und Sätzen – Gebeten, die aus dem Äther zu kommen schienen. Er schloss die Augen und lauschte der Symphonie der Stimmen ... einer Symphonie, die nur die himmlischen Wesen hören konnten.

> *„Mein Vater, du bist treu und verlässlich ..."*
> *„Ich brauche deine Hilfe, Gott ..."*
> *„... bitte, heile meine Familie!"*
> *„Herr, bitte segne meine Töchter ..."*

Gebete aus vielen Jahrzehnten hallten in dem kleinen Raum wider. Gebete, die schnell von den Lippen kommen, aber für die Ewigkeit gesprochen sind.

> *„... hilf meinen Mädchen, dass sie ihrem Vater vergeben können ..."*
> *„... danke für deine Barmherzigkeit ..."*
> *„Herr, gib Chelsea bitte alles, was sie jetzt nötig hat ..."*
> *„Bitte lass deine Engel schützend um meine Familie stehen ..."*
> *„... und lass dieses Haus zu einem Ort des Gebets werden."*

Während Manny den Chor der Stimmen genoss, ließ er seinen Blick über all die Erinnerungsstücke gleiten, die den Raum füllten. Eine graue Staubschicht bedeckte eine farbenfrohe Vergangenheit. Stapel von Fotoalben, ein bunter Regenbogen von Büchern, Zeitungsausschnitte aller Art. In einer Ecke des Raumes stand eine beeindruckende alte Vitrine, die Art-Déco-Geschirr aus durchsichtigem grünem und bernsteinfarbenem Glas enthielt. Daneben standen kleine Töpferwaren, die offensichtlich einmal im Rahmen eines Schulprojekts entstanden waren. An Mannys rechter Seite prangte ein Grammofon in tadellosem Zustand auf einem Stapel alter Schallplatten. Es war umgeben von handgewebten Wandbehängen und einem kleinen Schaukelpferd aus Mexiko.

Manny erinnerte sich gut an den Familienurlaub in Acapulco und musste unwillkürlich lächeln. Er konnte immer noch die kleine Chelsea vor sich sehen, wie sie sorglos und fröhlich in den Wellen herumplanschte, an der einen Hand ihre Mutter und an der anderen ihren Vater. Manny war immer an Chelseas Seite gewesen, in guten und in schlechten Tagen. Auch wenn sie mittlerweile große Fortschritte gemacht hatte, trug sie immer noch zu viel Ballast mit sich herum.

Manny zog die Falttür wieder zu. In diesem Moment hatte er plötzlich ein Bild vor Augen – eine himmlische Sicht auf den Raum. Es war diese Ecke des Cafés, dieser kleine Raum gewesen, der durch die Dunkelheit des Viertels ein Leuchten zum Himmel geschickt hatte. Manny war sich sicher, dass dieses vergessene Zimmer mehr sein sollte als ein Lagerraum voller Erinnerungen. Das hier war ein heiliger Ort. Ein Haus des Gebetes. Auch wenn dieser Ort im Moment verwaist war – Manny beschlich eine Ahnung, dass der Raum in naher Zukunft wieder seiner ursprünglichen Bestimmung zugeführt werden würde.

Kapitel 20

„Guten Morgen, Manny! Hast du gesehen, ob ..." Chelseas Redefluss versiegte abrupt, als sie Manny in seiner äußerst kleidsamen weihnachtlichen Strickjacke sah. Auf den Taschen waren Christdorn-Zweige aufgestickt und echte klingende Glöckchen angenäht. Ansonsten prangte auf der Vorderseite ein großer grüner Weihnachtsbaum. Die Knöpfe stellten Christbaumkugeln dar, der oberste Knopf sogar einen glitzernden Stern.

„Guten Morgen, Chelsea! Was soll ich gesehen haben?" Manny machte sich leise klingelnd hinter der Theke zu schaffen.

„Ähmm ... hast du mein ... mein Handy gesehen ... ja, mein Handy. Das suche ich nämlich." Chelsea versuchte sich abzulenken und ihr Lachen zu unterdrücken, indem sie geschäftig im Café hin- und herlief.

„Hast du es immer noch nicht gefunden? Ich halte die Augen offen!"

„Wenn es nicht bald auftaucht, muss ich mir ein neues besorgen. Aber eigentlich genieße ich es auch irgendwie, nicht ständig erreichbar zu sein."

Chelsea band sich eine Schürze um und machte sich für den morgendlichen Kundenansturm bereit. Vor der Eingangstür hatte sich schon eine kleine Menschentraube gebildet.

„Wollen diese Leute denn überhaupt nicht ausschlafen? Es ist Samstag und außerdem haben wir Frühjahrsferien!"

„Chelsea, hast du schon einmal darüber nachgedacht, das Café zu erweitern?", wagte sich Manny vorsichtig vor.

„Erweitern?"

Manny zeigte auf den Raum hinter der Treppe. Chelsea schob die Falttür auf und sah hinein. Ein Lächeln breitete sich auf ihrem Gesicht aus, als viele glückliche Erinnerungen in ihr aufstiegen, die sie mit diesem Raum verband. Als ihre Großmutter Sophia das Café eröffnet hatte, war der „Salon", wie sie ihn genannt hatte, ein beliebter Ort gewesen. Dort hatten ihre Stammkunden in Ruhe lesen und studieren können. Chelseas Mutter hatte den Raum später nur noch für sich genutzt, weil er ihr so lieb geworden war.

„Mom hat dieses Zimmer als ihren privaten Gebetsraum genutzt. Es ist wunderschön hier drin, nicht wahr?"

„In diesem Raum könnten bestimmt noch mal zehn oder fünfzehn Leute Platz finden."

Chelsea konnte sich augenblicklich vorstellen, wie der Raum sich mit ihren Kunden füllen oder sogar neue Gäste anziehen würde. Er benötigte nur einen neuen Farbanstrich und musste ein wenig entrümpelt werden. Doch diese Pläne mussten erst einmal warten. Ihre Kunden hämmerten bereits an die Eingangstür.

* * *

Normalerweise waren die Morgenstunden im Café am Wochenende eher ruhig, doch dieser Samstag schien eine Ausnahme zu sein. Die Nachricht von der Existenz des Gott-Blogs breitete sich schnell aus und nun kamen die Kunden sogar von weit her angefahren, um sich einen Platz im Café zu sichern und ihre Frage zu stellen.

Sie kamen aus Dallas, Austin und dem Tal des Rio Grande, neuerdings sogar aus Santa Fe, Little Rock und Tulsa.

Zum Glück war Manny immer da und Katrina nur einen Anruf weit entfernt, wenn Not am Mann war. Sie hätte wirklich zu keiner besseren Zeit auftauchen können. Manny und sie waren ein starkes Team. Während Manny durch seine Persönlichkeit und seine liebevolle Art bestach, brachte Katrina ihre Erfahrung und Kunstfertigkeit als Barista ein. Durch sie hatte das Café eine ganz neue Art von Kunden gewonnen – Kaffeekenner, die einen kunstvoll zubereiteten, ausgezeichneten Kaffee zu schätzen wussten. Der Anzahl der Starbucks-Kaffeebecher nach zu urteilen, die plötzlich im Café auftauchten, sorgte Katrina sogar für eine erhebliche Anzahl Konvertiten. Plötzlich war es das *Higher Grounds*, das der nahe gelegenen Starbucks-Filiale den Rang ablief.

Chelsea genehmigte sich eine Pause und ging nach oben, um mit ihren Kindern zusammen zu frühstücken. Hancock entwickelte sich langsam zum Starkoch und Emily betätigte sich nur zu gerne als Geschmackstesterin. Zusammen hatten sie das Lieblingsessen der Familie zubereitet: Pekannuss-Pfannkuchen mit Zimt. In der Küche roch es nach Weihnachten. Aber vielleicht bildete sich Chelsea das auch nur ein, weil sie Manny in seinem festlichen Outfit gesehen hatte.

„Willst du das wirklich den ganzen Tag anlassen, Mom?", fragte Hancock sie später, als sie auf dem Weg nach unten ins Café waren.

Seine Frage überraschte Chelsea. „Hmm ..." Sie sah an sich herab. Vielleicht waren die pinkfarbenen Crocs nicht ideal, aber die Jeans und das schwarze T-Shirt erschienen ihr angemessen. „Ist es denn wirklich so schlimm?"

„Na ja ...", druckste Hancock mit gepeinigtem Gesichtsausdruck herum.

Chelsea beschloss, ihre zwei Angestellten nach ihrer Meinung zu diesem Thema zu fragen, hielt bei ihrem Anblick jedoch abrupt inne.

Katrina trug einen Minirock mit Schottenkaro, ein gestreiftes Shirt und kniehohe Kampfstiefel, während Manny in seiner Jacke dem Gehilfen vom Nikolaus Konkurrenz machte.

„Du siehst damit einfach alt aus, das ist alles", ergänzte Hancock.

Kurze Zeit später hatte sich Chelsea umgezogen und erschien im Café mit eng geschnittener Khakihose und einer luftigen Leinenbluse. Ihre dunkelblauen Converse-Turnschuhe mit hohem Schaft sahen dazu zwar auch nicht wesentlich besser aus als die

Crocs, doch Chelsea hoffte, dass sie ihr wenigstens einen Anflug von Jugendlichkeit verleihen würden.

„Ja, ich denke, so geht's", kommentierte Hancock, während er mit Emily nach oben lief, um Fernsehen zu schauen.

Wann hatte sich ihr Sohn zum Modeberater entwickelt? Doch nur einen Moment später war ihm Chelsea für seine Intervention dankbar.

„*Konichiwa*, Mrs Chambers." Ein junger japanischer Dolmetscher sprach sie an, der einen würdigen japanischen Geschäftsmann begleitete. Er reichte Chelsea einen kleinen Karton, der in zartes, mit Blumen verziertes Seidenpapier eingeschlagen war. „Im Namen und mit den besten Wünschen meines Arbeitgebers, Mr Takeda, darf ich Ihnen dieses Geschenk überreichen."

„Oh, hallo!" Chelsea nahm das Präsent entgegen und beugte leicht ihren Kopf in der Hoffnung, angemessen zu reagieren. „Und ... vielen Dank. Was führt Sie zu uns?"

„Mr Takeda ist auf der Suche nach Weisheit in Ihr Café gekommen. Er hat Ihren Blog von Gott in einer wichtigen Angelegenheit befragt."

„Nun, es ist eigentlich nicht *mein* ..."

Doch Chelseas bescheidene Antwort wurde von einer Wortsalve aus Mr Takedas Mund unterbrochen. Sein Dolmetscher kam kaum mit der Übersetzung nach.

„Danke! Danke für alles! Ihr Café ist ein überaus kostbares Geschenk des Himmels! Jahrelang habe ich Zweifel und Fragen mit mir herumgetragen, doch Gott wusste die ganze Zeit, wie es mir geht. Heute bin ich meine große Last endlich losgeworden!"

Als Mr Takeda mit seiner Begleitung das Café verließ, versuchte Chelsea, seine Verbeugungen und sein Lächeln nachzuahmen, in der Hoffnung, sich kulturell angemessen zu verhalten. Sie konnte sich zwar nicht vorstellen, welche Frage der seltsame Mann dem Gott-Blog gestellt haben könnte, aber seine Dankbarkeit war echt. Ebenso wie die tausend Dollar, die er als Trinkgeld zurückgelassen hatte.

Chelseas Neugier gewann die Oberhand. Weil sie ihr Handy noch nicht wiedergefunden hatte, benutzte sie Katrinas, um den Gott-Blog aufzurufen und nach Mr Takedas Frage zu suchen. Währenddessen trank sie genüsslich einen Schluck Kaffee aus ihrer neuen, filigranen japanischen Tasse.

„Das ist doch nicht wahr, oder?", brach es mit ungewohnter Heftigkeit aus Katrina heraus.

Sie und Chelsea starrten erstaunt auf den Bildschirm. Mr Takedas Frage war nicht zu entziffern. Für sie zumindest. Der ganze Eintrag war in Japanisch. Und das Beste daran war: die Antwort ebenfalls.

Chelsea wurde erneut bewusst, wie unwahrscheinlich das alles war, wie ein Traum: das Café, der mysteriöse Blog, ihre Kundschaft aus Arkansas, Oklahoma und sogar Japan. „Weißt du, ich glaube, dieser Tag kann nicht noch verrückter werden."

Doch da war sie zu voreilig gewesen.

„Hallo, schöne Lady."

Chelsea sah von Katrinas Handy auf. Sawyer stand vor ihr. Mitten in ihrem Café.

Kapitel 21

„Es ist heute wunderschön draußen, nicht wahr?", fragte Sawyer.

Will er etwa wirklich über das Wetter sprechen? Warum ist er überhaupt hier?

Chelsea gingen in diesem Moment eine Menge Dinge durch den Kopf, die sie gerne mit Sawyer diskutiert hätte, aber die Niederschlagswahrscheinlichkeit des heutigen Tages gehörte nicht dazu.

„Katrina, könntest du bitte die Kasse übernehmen? Ich bin gleich wieder zurück."

Als Chelsea Sawyer in eine ruhige Ecke des Cafés führte, bemerkte sie, dass es plötzlich verdächtig still geworden war. Um sie herum erhoben sich Smartphones und Tablets in die Luft, so als hätte die Erde mit einem Mal ihre Anziehungskraft verloren. Natürlich hatte sie das. Die Sawyer-Chambers-Show hatte in ihrem Café Einzug gehalten und zog alle Aufmerksamkeit auf sich. *Klick. Klick. Klick.* Plötzlich waren ihre Kunden zu Paparazzi mutiert. Dieselben Tablets und Smartphones, die gerade noch tiefschürfende Fragen auf dem Gott-Blog gepostet hatten, versandten nun die weltbewegenden Sawyer-Chambers-Neuigkeiten ins All.

Chelsea lehnte sich näher zu Sawyer und flüsterte wütend: „Habe ich etwas verpasst? Wir haben seit Wochen nicht miteinander gesprochen und du kommst einfach so ins Café marschiert, als seien wir die besten Kumpels?"

Beste Kumpels? Wer spricht heute noch so? Komm schon, reiß dich zusammen, Chelsea. Vielleicht ist das hier die „Versteckte Kamera".

„Aber ich dachte ..."

„Du dachtest *was*?"

Sawyers Blick glich in diesem Moment dem eines treudoofen Welpen. Chelsea hasste diesen Gesichtsausdruck. Sie kannte ihn nur zu gut. Als ob er sich damit von aller Schuld freikaufen könnte. *Aber nicht heute!*

Chelsea hatte Regeln aufgestellt, die er gerade mit Füßen trat. Oder, was noch schlimmer wäre, vielleicht schon wieder vergessen hatte.

Doch Chelsea erinnerte sich sehr genau.

„So, da wären wir." Manny trat mit einem Latte in jeder Hand an ihren Tisch. Chelsea bemerkte mit Bedauern, dass er sich seine Schürze nicht umgebunden hatte, so als benötige der Weihnachtsbaum auf seiner Jacke mehr Licht und Luft. „Einen für dich. Und einen für Sie." Die Glöckchen, die auch an den Jackenärmeln aufgenäht waren, klingelten.

„Danke, aber das ist nicht nötig. Mr Chambers wollte gerade gehen." Doch Manny war schon zu weit entfernt, als dass er Chelseas Kommentar noch hätte hören können.

„Na, sieh dir das an!", grinste Sawyer mit einem Blick auf den Latte.

Chelsea bemerkte in ihrer Tasse Mannys Versuch, Katrinas Milchschaum-Kunst Konkurrenz zu machen. Sollte das etwa ein großes Herz sein? Schnell verrührte sie es mit dem Löffel.

„Wie hat sich denn der Weihnachtself hierher verirrt?", versuchte Sawyer es mit einem Scherz.

„Sein Name ist Manny. Und er ist einfach wundervoll."

„Keine Frage. Schau mal, Chels, ich bin gerade wegen eines Bewerbungsgespräches in der Stadt. Und als ich deine SMS las …"

„Ein Bewerbungsgespräch? Hier?" Chelsea bekam Platzangst.

„Entschuldigen Sie bitte …" Schon wieder eine Unterbrechung. Diesmal durch eine Fußball-Mom mit üppiger Figur.

„Was kann ich für Sie tun?", fragte Chelsea.

Doch die Frau beachtete Chelsea gar nicht und wandte sich direkt an Sawyer.

„Könnte ich ein Autogramm bekommen?"

„Aber natürlich, gerne!" Sawyer setzte sein breitestes Lächeln auf. Seine makellosen Zähne blitzten. „Wie heißen Sie?"

„Jessica", kicherte die Frau wie ein Schulmädchen. Sie gab Sawyer ein kleines Stück Papier. Chelsea bemerkte, dass sie keinen Ehering trug.

„Sind Sie ein Footballfan, Jessica?"

„Selbstverständlich! Könnten wir vielleicht noch ein Foto von uns beiden machen?", säuselte sie.

„Nichts lieber als das!"

Jessica geriet außer sich vor Begeisterung. Chelsea begann, ungeduldig mit den Fingern auf die Tischplatte zu trommeln.

„Würde es Ihnen etwas ausmachen, uns zu fotografieren?" Jessica reichte Chelsea ihr Handy.

„Wo denken Sie hin – warum sollte es mir etwas ausmachen? Das ist doch eine nette Idee."

Jessica klammerte sich an Sawyer, als wäre sie die *Bachelorette* und er ihr Favorit. Sicher würde sie das Foto sofort an jeden versenden, den sie kannte.

„Das wird ein super Foto!", sagte Chelsea, während sie geschickt ihren Zeigefinger vor die Linse hielt.

Doch Jessica bemerkte es in ihrer Aufregung nicht. Sie war zu sehr damit beschäftigt, schnell noch ihre Telefonnummer auf eine Serviette zu kritzeln und sie in Sawyers Jackentasche zu stecken.

Als Jessica, immer noch kichernd, das Café verließ, sah Sawyer Chelsea entschuldigend an. „Was soll man da machen?" Er zuckte mit den Schultern. „Wie auch immer ... also, da ich gerade in der Nähe war, dachte ich mir, dass ich dir im Anschluss an den Familientag noch im Café aushelfen könnte."

„Im Café *aushelfen*?"

„Jep!"

Dreizehn Jahre lang hatte Chelsea den Planeten Sawyer umkreist. Es würde nicht leicht werden, sich aus seinem Gravitationsfeld zu lösen. Sie kam sich vor wie eine Raumfähre, die sich von der Anziehungskraft der Erde lösen musste: Dazu benötigte sie ein ausgereiftes Programm, genug Antrieb und maximalen Schub in die richtige Flugrichtung. Aber Chelsea war bereit.

Sie stand auf und sah Sawyer fest in die Augen. „Danke, aber ich brauche deine Hilfe nicht." Mit diesen Worten drehte sie sich um und steuerte auf die Theke zu. Doch Sawyer flog in ihrem Windschatten dicht hinter ihr her und folgte ihr durch eine Ansammlung von Kunden. „Okay, das kann ich mir vorstellen. Ich habe viel Gutes über dein Café gehört. Diese ganze Sache mit dem Blog ... das hat mich nicht überrascht."

„Nicht überrascht? Was soll das heißen?"

„Na ja, Chelsea Chambers hat doch immer alles im Griff und alle Antworten parat."

„Dass ich nicht lache!" Chelseas Gelächter wirkte künstlich und viel zu laut. Natürlich hatte sie nicht alle Antworten parat. Doch endlich fiel ihr eine Frage ein, die sie dem Gott-Blog wirklich stellen wollte: *Lieber Gott, wie kann ich es schaffen, dass mich mein zukünftiger Exmann endlich in Ruhe lässt?*

„Sawyer, du kannst dir gar nicht vorstellen, wie gut die Dinge gerade für das *Higher Grounds* und für mich laufen!" Chelsea war herumgewirbelt und stand nun ganz dicht vor Sawyer. „Jeder liebt meine Cupcake-Kreationen. Und hast du schon meine Mitarbeiterin Katrina getroffen? Sie ist eine wahre Kaffeekünstlerin. Wie ein Lamborghini – ach, was sage ich, das ist ja ein Auto. Sie ist ein zweiter Leonardo da Vinci! Sag Hallo, Katrina!"

„Hallo, Katrina!", murmelte Katrina und verschwand in der Küche.

„Und dieser Typ hier – sieh ihn dir nur an!" Chelsea glitt möglichst elegant hinter die Theke, um die geführte Tour durch ihr wundervolles neues Leben fortzusetzen. Sie legte einen Arm um Manny. „Er hat unglaublich viele Talente! Er putzt. Er backt. Er wirkt wahre Wunder. Mit einem Fingerschnippen hat er zum Beispiel die kaputte Espressomaschine von Mom wieder in Gang gesetzt. Kannst du dir das vorstellen?"

„Hmmm ... das ist wirklich beeindruckend!", entgegnete Sawyer.

„Ach, das ist doch nicht der Rede wert. Ich versuche nur zu helfen", wiegelte Manny ab.

Chelsea lachte auf. „Komm schon, Manny, jetzt sei nicht so bescheiden!" Sie drehte sich ganz zu Manny um. „Man sollte sich selbst nie unter Wert verkaufen. Du leistest einen unschätzbaren Beitrag zu unserer gemeinsamen Arbeit und ich bin dir unendlich dankbar."

Chelsea gab Manny einen herzhaften Kuss auf die Wange und wandte sich dann wieder Sawyer zu.

„Entschuldigt mich." Manny stolperte mit gesenktem Kopf in die Küche. Die Glöckchen an seiner Strickjacke klingelten leise.

„Wow", war alles, was Sawyer herausbrachte. Sein Blick war erstaunt auf Chelsea gerichtet, die sich nach Luft schnappend an der Theke festhielt.

„Daddy!" Hancock und Emily polterten die Treppenstufen hinunter. Sawyer hob sie beide schwungvoll hoch. Chelsea hätte sich am liebsten geohrfeigt. Sie hoffte inständig, dass die Kinder ihre kurzzeitige geistige Umnachtung nicht mitbekommen hatten.

„Du hast es geschafft!", rief Hancock aus.

„Natürlich habe ich das, Kumpel."

Chelsea beschlich das Gefühl, dass irgendetwas nicht stimmte.

„Es tut mir leid ... aber ich weiß immer noch nicht, warum du eigentlich gekommen bist!?"

„Weil ..." Sawyer suchte sich seinen Weg durch das Minenfeld. „Weil du mich zu einem Familienausflug in das Planetarium eingeladen hast ...?"

Chelseas verwirrter Gesichtsausdruck spiegelte sich zunehmend auch in Sawyers Miene.

„Aber du hast mir doch heute Morgen eine SMS geschickt ... und mir gesagt, ich solle auch Geschenke für die Kids mitbringen. Weißt du das nicht mehr?"

„Ich habe dir nicht geschrieben", antwortete Chelsea. Ihr Blick durchbohrte Hancock.

„Warte, ich zeige es dir." Sawyer kramte in seinen Jackentaschen nach seinem Handy.

„Bemüh dich nicht. Hancock, gib mir mein Handy zurück!"

Hancock senkte schuldbewusst den Blick und zog Chelseas Handy aus seiner hinteren Hosentasche hervor.

Eine schmerzhafte Erkenntnis zeichnete sich auf Sawyers Gesicht ab. „Chels, es tut mir leid. Ich hätte es wissen müssen."

„Das ist nicht dein Problem. Das geht nur Hancock und mich etwas an. Hancock, komm mal mit." Chelsea schleifte ihn förmlich zum Treppenabsatz. „Hancock, warum hast du ohne meine Erlaubnis mein Handy benutzt?"

„Warum? Weil ich Dad sehen wollte und genau wusste, dass du doch nur wieder Nein sagen würdest!"

Chelsea fühlte sich in die Enge getrieben. Wenn sie Hancock die gemeinsame Zeit mit seinem Vater verweigerte, würde sie seine Zuneigung verlieren. Wenn sie aber zustimmte, könnte sie die Kontrolle verlieren.

„Kann ich jetzt mit Dad etwas unternehmen oder nicht?"

Chelsea versuchte, sich noch einen winzigen Rest Würde zu bewahren. „So gehst du mir bestimmt nicht raus! Zieh dir was Warmes an und nimm auch deine Jacke mit."

Sie ging ins Café zurück und sah, dass Sawyer und Emily sich an einem zierlichen Teetisch niedergelassen hatten. Sawyer wirkte mit seiner athletischen Figur viel zu groß und wuchtig für den anmutigen Salonstuhl, auf dem er saß. Die kleine Emily, die kaum über die Tischplatte hinwegschauen konnte, hing ihrem Vater wie gebannt an den Lippen. Chelsea konnte es nicht leugnen – Sawyer übte eine große Faszination aus. Wenn er sprach, lehnten sich die Leute näher zu ihm oder schauten zu ihm auf, wie gerade die kleine Emily.

„Bring die Kinder bitte zum Abendessen zurück", sagte Chelsea, unfähig, Sawyer in die Augen zu sehen.

„Aber klar. Wenn das für dich in Ordnung ist, kann ich ja mit den Kindern unterwegs zu Mittag …"

Doch Chelsea war schon auf dem Weg zurück in ihre Wohnung.

Kapitel 22

Chelsea hatte sich in die dunkelste Ecke ihres Zimmers zurückgezogen. Sie brauchte jetzt einen Moment für sich. Sie musste frei atmen können. Sie musste sich bei Manny entschuldigen. Und sie musste ihr Handy durch einen Zahlencode sichern.

Sie starrte auf das kleine schwarze Ding in ihrer Hand. Es war schon erstaunlich, wie so ein unscheinbares Gerät so viel Ärger verursachen konnte. Bevor sie die Sicherheitseinstellungen änderte, sah sie sich die Nachrichten an, die Hancock in ihrem Namen an Sawyer verschickt hatte.

Wo bist du?

Zufällig ganz in der Nähe. Habe ein Bewerbungsgespräch. Würde dir gerne davon erzählen, will aber unsere Abmachungen nicht brechen.

Komm doch morgen im Café vorbei. Die Kinder würden dich gerne sehen.

Ist das dein Ernst?

Natürlich. Mach doch einen Ausflug mit den Kindern. Z. B. Pizza essen und dann ins Planetarium.

Gerne. Ich kann's kaum erwarten!

Ich auch nicht.

Was hast du gerade an?

Etwas sehr, sehr Schönes. Denk an die Geschenke für die Kinder, o. k.?

Jetzt dämmerte Chelsea auch, warum sich Hancock heute Morgen hinsichtlich ihres Outfits so seltsam verhalten hatte. Chelsea war peinlich berührt davon, dass ihr Sohn eine so persönliche Frage seines Vaters beantwortet hatte.

Wenigstens waren die Fragen von Sawyer nicht noch intimer gewesen!

Kapitel 23

„Mom, wann wohnt Dad endlich wieder bei uns?", piepste Emily unter ihrer Bettdecke hervor.

„Ja genau, Mom, wann?", ließ sich Hancock vom oberen Etagenbett her vernehmen.

Chelsea schaltete Emilys neues Nachtlicht ein.

„Wir sprechen ein anderes Mal darüber, ja?"

Chelsea war auf diese Frage vorbereitet gewesen. Doch zuerst musste sie mit Sawyer sprechen.

Können wir uns im Café treffen?

Chelsea hatte schnell diese SMS geschrieben und sie abgeschickt, bevor sie sich eines Besseren besinnen konnte. Sawyer antwortete nur wenig später.

Ich bin in einer halben Stunde da. Wenn du beweisen kannst, dass du nicht Hancock bist. ;–)

Chelsea war sich unsicher, ob sie wirklich in der Lage sein würde, Sawyer damit zu konfrontieren, zu welcher Entscheidung sie im Laufe ihrer Trennung auf Probe gekommen war. Doch sie hatte eine Menge darüber gelesen, wie man ein solches Gespräch am besten führte. *Sei ruhig. Sei direkt. Sei gut vorbereitet.* Innerlich wiederholte sie diese Tipps wie ein Mantra, während sie Sawyer noch eine Nachricht schrieb.

Danke. Bis dann also.

Bis jetzt hatte sie alle Verhaltensregeln umgesetzt.

Vor ihrem inneren Auge sah sie schon den weiteren Verlauf des Abends vor sich: Bo würde vorbeikommen und auf die Kinder aufpassen, damit Chelsea und Sawyer in Ruhe reden konnten. Falls ihr Gespräch zu hitzig würde, würden sie es woanders als im Café weiterführen. Sie würde Sawyer alle seine Probleme aufzeigen. Er würde sich verteidigen. Dann könnte sie ihre Lösung vorschlagen und er würde hoffentlich zustimmen. Sie würden ihre Ehe beenden. Und das Gespräch.

* * *

„Darf ich dir noch irgendetwas anbieten, Bo?"

Chelsea stellte ein Glas mit Wasser auf den Tisch vor Bo, der in dem mahagonibraunen Ledersessel in ihrem Wohnzimmer saß.

„Nein danke, ich habe ein gutes Buch dabei." Er klopfte auf die dicke schwarze Bibel auf seinem Schoß. Die Schrift war so groß, dass Chelsea sie noch von der anderen Seite des Raumes aus hätte lesen können. Trotzdem zog Bo noch eine Lesebrille aus Glasbausteinen aus seiner Hemdtasche.

„Bo, du bist wirklich ein Engel! Ich danke dir sehr, dass du gekommen bist!", sagte Chelsea und fuhr fort: „Es ist ja toll, dass wir jetzt so viele Kunden haben, aber heutzutage weiß man nie, wer da so alles ins Café kommt."

„Das ist sehr weise von dir. Und mir macht es wirklich nichts aus. Wofür sind Nachbarn sonst da?"

Chelseas Handy piepste, weil eine SMS gekommen war. Sie sah auf das Display. Mit einem Mal schlug ihr Herz doppelt so schnell.

„Oh, meine Verabredung ist da. Bis zur Sperrstunde bin ich zurück."

„Lass dir ruhig Zeit", lächelte Bo. „Dein Mann und du, ihr habt euch sicher viel zu erzählen."

„Ich bin schneller wieder da, als du denkst", versicherte Chelsea ihm und hoffte, dass es tatsächlich so kommen würde.

* * *

Chelsea hatte sich spontan gegen das Café als Gesprächsort entschieden und einen Spaziergang vorgeschlagen. Also gingen Sawyer und sie Seite an Seite durch die Straßen des Viertels, den sternenbedeckten Nachthimmel über sich. Innerlich aber waren sie Lichtjahre voneinander entfernt.

„Das ist eine großartige Art, den Abend zu beginnen", bemerkte Sawyer.

Und zu beenden, dachte Chelsea bei sich.

„Weißt du eigentlich, dass man mittlerweile davon ausgeht, dass es mehr als eine Quadrillion Sterne da draußen gibt? Das ist eine 1 mit 24 Nullen dahinter!" Sawyer sah zum nächtlichen Himmel auf, während er die Erkenntnisse des Planetarium-Besuches wiedergab. „Das sprengt meinen Verstand!"

Sei ruhig. Sei direkt. Sei gut vorbereitet.

„Sawyer ...", begann Chelsea. Unter einer Straßenlaterne blieb sie stehen und holte tief Luft. „Ich will die Scheidung."

Sawyer schien mit einem Mal zusammenzuschrumpfen. „Chelsea ... bitte ...", stotterte er leise mit Schmerz in der Stimme. Diese Reaktion hatte sie nicht erwartet.

„Ich ... ähhh ..." Sie versuchte, sich an ihre vorher eingeübten nächsten Sätze zu erinnern. „Ich habe allen Grund dazu, das von dir zu verlangen, Sawyer. Du hast unserer Familie nicht gutgetan. Du hast gelogen, betrogen, unser Geld verspielt und dabei nicht im Mindesten an unsere Kinder gedacht. Eigentlich hättest du uns beschützen sollen. Doch ich kenne niemanden, der unserer Familie mehr Schaden zugefügt hat."

Atemlos beendete Chelsea ihre kleine Rede. Innerlich wappnete sie sich dafür, dass Sawyer wie immer alle Schuld von sich weisen würde.

„Du hast recht", sagte er.

„Was?"

Sawyer sah seiner Frau geradewegs in die Augen. „Du hast

recht. Du hast alles aufgezählt, was ich euch angetan habe und wofür ich mich eigentlich entschuldigen sollte. Es ist nicht leicht, das alles so klar zu hören. Und dennoch ist es ja nur ein Bruchteil dessen, was ihr wirklich durchlitten habt."

Sawyers Geständnis entwaffnete Chelsea. Sie erkannte diese neue Version ihres Ehemannes kaum wieder.

„Chelsea, ich kann die Dinge, die ich euch angetan habe, nicht rückgängig machen. Aber es wird Zeit, dass ich zumindest die Verantwortung dafür übernehme. Glaub mir, wenn dein Blog im Café eine Löschtaste für jeden Kummer hätte, den ich euch bereitet habe – ich würde sie sofort benutzen."

„Ich ebenfalls", murmelte Chelsea. „Vielleicht ist diese Funktion ja nach dem nächsten Update verfügbar."

Sawyer versuchte zu lächeln, doch Schmerz verzerrte seine Züge.

Er presste die Lippen fest aufeinander. Dann fuhr er mit zitternder Stimme fort: „Du bist eine tolle Frau, Chelsea. Eine gute Mutter ... und Ehefrau."

„Sawyer ..."

„Ich weiß, ich weiß. Aber ich sage nur die Wahrheit. Ich hatte ein wundervolles Leben mit dir und den Kindern, aber ich habe alles falsch gemacht. Warum? Warum hab ich das bloß getan?"

Chelsea hatte schon vor Monaten aufgehört, sich diese Frage zu stellen.

„Könnten wir ... gibt es noch eine Chance für uns?", fragte Sawyer leise und setzte sich auf eine Bank. Chelsea nahm neben ihm Platz.

Ihr Schweigen war Antwort genug.

Sawyer sah zum Sternenhimmel hinauf. „Ich habe ein paar Fragen, die ich Gott gerne stellen würde."

„Haben wir die nicht alle?"

Kapitel 24

Hancock lag noch wach und zählte die Sterne. Das Nachtlicht, das Dad Emily geschenkt hatte, projizierte die Milchstraße an die Wände und Decke des Kinderzimmers. Nachdem er dreimal versucht hatte, mehr als 500 Sterne zu zählen, verlor er bei Stern Nr. 316 den Überblick und gab auf. Die kreisenden Sternenkonstellationen an der Zimmerdecke konnten ihn ohnehin nicht von den Fragen ablenken, die in seinem Kopf kreisten.

Er spähte zu Emily hinunter, die fest schlief. Die Lichter zogen kreisend über ihre friedlichen Gesichtszüge. Leise stieg Hancock die Leiter vom Etagenbett hinab und ging auf Zehenspitzen zu der funkelnden, sich drehenden Kugel hinüber, die im Regal stand. Mit dem Dimmer konnte er die Sterne des Nachtlichtes heller erstrahlen lassen oder wie nach einer Massen-Supernova ganz zum Erlöschen bringen.

„Cool", flüsterte er und ließ noch einige Sterne explodieren, bevor er sich aus dem Zimmer schlich.

„Na, du Schlafwandler!"

Hancock erstarrte auf der Schwelle zur Küche. Bo stand am Herd und goss gerade kochendes Wasser in eine blumenverzierte Teetasse. Er trug wie üblich ein Holzfällerhemd und eine Latzhose und balancierte eine Brille mit dicken Gläsern auf der Nasenspitze. Seine Füße steckten in warmen Lammfell-Hausschuhen. Irgendwie war es merkwürdig, Bo so in ihrer Küche herumhantieren zu sehen, als sei er hier zu Hause … vor allem in diesem Aufzug.

„Eure Mom hat mich gebeten rüberzukommen und euch im Auge zu behalten, solange sie weg ist."

„Das erklärt die Brille", witzelte Hancock. „Aber was ist mit den Hausschuhen?"

Bo kicherte. „Wie ich sehe, bist du sehr schlagfertig. Du siehst so aus, als hättest du noch gar nicht geschlafen. Ist alles in Ordnung bei dir?"

„Ach, ich kann einfach nicht einschlafen." Hancock ließ seinen Kopf und die Schultern hängen, als hätte er eine unsichtbare Last zu tragen.

„Wie wär's mit einer Tasse Tee und einem einschläfernden Gespräch?", fragte Bo.

Hancock grinste. „Ich denke, das könnte klappen!"

Die beiden machten es sich, jeder mit einer dampfenden Tasse Tee, im Wohnzimmer gemütlich.

„Ich bin so müde." Hancock nippte an seinem Gute-Nacht-Tee.

„Möchtest du wieder ins Bett gehen?"

„Oh nein, ich kann ja doch nicht schlafen. Ich bin es nur so leid ... ständig wütend zu sein. Und traurig. Verstehst du?"

Bo lehnte sich nach vorne und stellte die Rückenlehne des Ruhesessels aufrecht. „Hattest du einen harten Tag?"

„Aber das ist es doch gerade! Eigentlich hatte ich einen super Tag und trotzdem bin ich traurig. Ich kann es einfach nicht ändern." Hancock rutschte in seinem Sessel hin und her und schnippte ungeduldig nach dem Teebeutel. „Wahrscheinlich bin ich gerade einfach nur komisch drauf."

„Ach was", meine Bo. „Mir ist es auch schon so gegangen wie dir. Ständig war ich wütend und traurig."

„Und was hast du dann gemacht? Jetzt scheinst du doch wieder glücklich zu sein", fragte Hancock gespielt beiläufig und starrte in seine Tasse.

„Ich habe das Einzige getan, von dem ich wusste, dass es funktionieren würde", antwortete Bo und griff nach seiner Bibel auf dem Beistelltisch. „Hier drin gibt es für jede Gelegenheit eine Antwort. Das ist wie eine Land- oder Seekarte fürs Leben."

Hancock sah zu, wie Bo wie ein erfahrener Seemann durch die unzähligen Seiten der dicken Bibel steuerte.

„Hier haben wir es doch", brummte der alte Mann und warf

mit seinem Finger Anker in einer der Seiten. „Hier steht, was Jesus einmal gesagt hat: *Kommt alle her zu mir, die ihr euch abmüht und unter eurer Last leidet! Ich werde euch Ruhe geben.*"

Hancock sah von seiner Tasse auf. In seinen Augen glitzerten Tränen. Seine Stimme zitterte vor unterdrückten Gefühlen.

„Und wie funktioniert das?"

Kapitel 25

Manny war verloren. Verloren in einer weit entfernten Galaxie. In dieser Woche war er dreimal in *Star Wars* gewesen und jedes Mal hatte er sich auf dem Heimweg verlaufen. Immer in eine andere Richtung. An diesem Abend zum Beispiel verschlug es ihn sechs Straßenblocks weiter in das Lavaca-Viertel hinein, ein Viertel aus der Mitte des 19. Jahrhunderts, das ursprünglich für Arbeiterfamilien angelegt worden war. Erst hier tauchte sein Verstand wieder aus den Tiefen des Weltraums auf.

„Oh, oh", flüsterte er, als er bemerkte, dass er nicht den blassesten Schimmer hatte, wo er sich befand. Doch er hatte immer eine Karte bei sich. Er brauchte nur nach oben zu schauen.

„Erstaunlich!" Manny ließ sich auf eine Bank fallen und bewunderte den sternenübersäten Nachthimmel. Sein Blick suchte den Großen Wagen. Dann fuhr er mit dem Finger an der Hinterachse entlang und verlängerte sie ums Fünffache. So fand er den Stern, auf den er sich immer verlassen konnte, den Angelpunkt, um den sich das gesamte Himmelsgewölbe im Laufe der Nacht drehte. „Hab ich dich!" Er nahm den Polarstern zwischen Daumen und Zeigefinger und maß dann den Winkel zwischen ihm und dem Gamma-Stern des Großen Wagens. Nun konnte er sich orientieren. Er stand auf.

„Du willst doch nicht etwa schon gehen?"

Manny konnte die weiß glühende Gegenwart eines himmlischen Wesens hinter sich spüren. „Gabriel!", rief er aus.

„Wie hast du mich genannt?" Eine laute, barsche Stimme wie die eines Schakals durchschnitt die Stille der Nacht.

Mannys Augen suchten die dunkle Straße ab und blieben schließlich an einem großen, muskelbepackten Kerl mit Kapuzenshirt hängen, der bedrohlich auf ihn zumarschierte. Seine Blicke durchbohrten Manny.

„Was tust du hier in meinem Revier?"

Gabriel, der immer noch hinter Manny stand, griff ein. „Genug jetzt – weg mit dir!"

Der Mann, der den Engel nicht sehen konnte, blieb plötzlich stehen. Dann drehte er sich um und entfernte sich, ohne Manny weiter zu belästigen.

Gabriel schmunzelte. „Siehst du, du brauchst dir keine Sorgen zu machen. Ich gebe dir Rückendeckung."

„Und komm bloß nicht wieder!", rief Manny, plötzlich mutig geworden, noch hinter dem Kerl her. Dann drehte er sich zu Gabriel um.

„Mann, bin ich froh, dich zu sehen!" Vor lauter Helligkeit musste er blinzeln. Seine Pupillen zogen sich zusammen. „Ich muss dich so viel fragen."

„Und ich kann dir antworten. Doch zuerst muss ich dir etwas zeigen." Gabriel fasste Manny an der Schulter. Mit einem Mal verblasste die Straße und ein Raum formte sich um sie herum. Er konnte immer noch den Asphalt unter seinen Füßen spüren, doch als Manny zu Boden sah, bemerkte er einen orientalischen Teppich und einen abgenutzten Holzboden. Als er den Blick wieder hob, wäre er um ein Haar vor Erstaunen umgefallen.

Überall sah er Engel. Sie standen Schulter an Schulter im oberen Stockwerk des *Higher Grounds*. In ihrer Mitte sah er Hancock und Bo, die dicht zusammensaßen und miteinander beteten. Sie waren sich des entzückten Publikums um sie herum nicht bewusst.

Die Ehrfurcht im Raum war fast mit Händen zu greifen, denn die Engel wussten, dass dies ein heiliger Moment war. Ein Herz öffnete sich gerade für das größte Geschenk des Universums, die Gegenwart Gottes.

Doch auf der anderen Seite des Raumes, jenseits des Fensters, bemerkte Manny Schatten, die im Dunkeln lauerten. Ein plötzlicher Windzug pfiff durch das Zimmer und eine dunkle Wolke begann Hancock zu umkreisen. Ihr entwanden sich lange Tentakel, die nach dem Jungen griffen. Heisere, kehlige Stimmen wisperten aus dem Inneren der Wolke und füllten die heilige Atmosphäre mit falschen Einflüsterungen: Scham, Verzweiflung, Verlassensein.

„Gott gibt sich nicht mit dir ab, Hancock."
„Gott? Was für ein Gott?"

Gerade als die ansteckende Wolke aus Lügen Hancocks Verstand zu umnebeln begann, fing Gabriel an zu singen: „Heilig ist der Herr, der Lebendige."

Als die Stimme des Engels erklang, stoppte die trübe Wolke ihren Vormarsch.

„Gepriesen sei der Name des Herrn! Gepriesen sei der Name des Herrn!"

Jeder Refrain drängte die Schatten weiter zurück. Einer nach dem anderen fielen die umstehenden Engel mit ein und erhoben ihre Stimmen zum Himmel. Bald hörte es sich an, als würden Hunderte, ja Tausende der himmlischen Wesen singen. Und draußen vor dem Fenster sah Manny jetzt, wie wahre Heerscharen von Engeln das Haus umflogen und es in einen Schutzmantel aus Liedern einhüllten. In der Gegenwart dieser mächtigen Stimmen hatte das Böse, das Hancock bedrängt hatte, keine Chance. Es gab keine Schatten mehr, in denen die Lügen sich hätten verbergen können.

Manny lachte, als sich die dunkle Wolke endlich in Luft auflöste. „Widersteht dem Teufel, so flieht er von euch", zitierte er aus der Bibel.

Und der viel größere Gabriel neben ihm fügte hinzu: „Dein Reich komme! Dein Wille geschehe!" Manny fiel in den Chor der Engel mit ein. Was ihm an Tonsicherheit mangelte, machte er wett durch Lautstärke, während er den himmlischen Vater für Hancock bat.

Und dann geschah es. Er sah einen Lichtball von Gottes

Thron kommen, der mit der Herrlichkeit Gottes und in allen Farben des Regenbogens brannte. Morgenröte und Abenddämmerung, Silber und Gold, sprühend und pulsierend wie ein Stern, sanft leuchtend wie eine brennende Kerze – so verweilte das Licht für einen Moment über dem Jungen, bevor es seinen Geist erfüllte.

Die Engel verkündeten fröhlich diesen Sieg des Lichtes über die Finsternis:

„Erwählt von Gott!"

„Erlöst in alle Ewigkeit!"

„Erfüllt von Gottes Geist!"

„Für immer entschuldet!"

„Neugeboren!"

Licht erfüllte Hancock durch und durch, heilte und erschuf sein Innerstes neu.

Der Chor der Engel sang ein neues Lied: „Heilig, heilig, heilig ist der Herr unser Gott, der Allmächtige!"

Manny sang immer noch voller Begeisterung, als Gabriel ihm wieder die Hand auf die Schulter legte und ihn in die Gegenwart zurückholte. Er konnte es kaum glauben, dass seine Füße den Asphalt unter sich nie verlassen hatten.

„Danke", sagte er, erst zu Gott, dann zu Gabriel. „Es ist immer wieder vollkommen überwältigend, so etwas mitzubekommen. Aber dieses Mal war etwas Besonderes ... denn Hancock ist so ein besonderer Junge."

„Das ist er in der Tat. Und du hast daran mitgewirkt, dass sich sein Leben so zum Guten verändert hat", sagte Gabriel. „Du leistest hier unten wirklich ausgezeichnete Arbeit, Manny."

„Denkst du das wirklich? Denn heute ... heute war ein schwerer Tag."

„Aber du bist mit der Herausforderung gewachsen. Du hast Chelseas Kuss tapfer ertragen."

„Das hast du gesehen?" Mannys Ohren wurden heiß und feuerrot. „Ach, was sag ich – *natürlich* hast du es gesehen. Weißt du, die Dinge hier unten können manchmal echt kompliziert sein. So viele Einzelheiten, so viele Menschen, so viele Gefühle!"

„Aus himmlischer Sicht ist alles immer etwas einfacher", stimmte Gabriel ihm zu.

„Natürlich hat das Menschsein auch einige Vorteile. Hast du zum Beispiel schon *Star Wars* gesehen?"

Gabriel nickte. „Ich habe mir alle Teile angeschaut."

Manny stand der Mund offen. „Warte mal – es gibt mehr als *einen* Film?"

„Natürlich. Es gibt eine ganze Reihe davon! Aber die ersten drei sind die besten."

Manny war plötzlich ganz aufgeregt. „Ich glaube, noch besser kann diese Nacht gar nicht werden!"

Kapitel 26

„Ich habe das so vermisst, Chelsea. Das können wir nämlich richtig gut."

Chelsea stand auf der Veranda vor dem Café und las in Sawyers Gesichtszügen. Er meinte es offensichtlich ernst. Vielleicht war er ein wenig der Realität entrückt, aber dennoch ehrlich.

„*Was* können wir richtig gut? Reden? Unter den Sternen spazieren gehen? Das ist nicht das wirkliche Leben, Sawyer!"

Sawyer prallte einen Schritt zurück, so als hätte ihn Chelseas Antwort schockiert. Chelsea schüttelte über seine Reaktion den Kopf.

„Wir *können* auch das wirkliche Leben miteinander teilen!", verteidigte er sich. „Die guten und die schlechten Tage. Wie viel schlimmer könnte es denn noch werden?"

„Ich habe nicht vor, das herauszufinden!", konterte Chelsea.

Sawyer nahm ihre Hand. „Ich weiß, dass wir es schaffen können, Chelsea. *Gemeinsam* können wir alles schaffen."

Seine Worte verursachten einen Riss im Raum-Zeit-Kontinuum.

Chelsea saß mit einem Mal wieder auf dem Bett in ihrem Studentenzimmer und hörte Sawyer diese Worte sagen, während er sie mit seinen großen blauen Augen ansah, voller Hoffnung und Entschlossenheit. Sawyer hatte wohl nicht die blasseste Ahnung, dass sich die Geschichte gerade wiederholte, aber *sie* wusste es. Die Vergangenheit konnte Chelsea nicht ändern, aber sie musste die Chance ergreifen, ihre Zukunft neu zu gestalten.

„Ich habe gute Gründe für die Scheidung."

„Das weiß ich", gab Sawyer zu. Seine Augen waren schmerzerfüllt. „Aber irgendwie hoffe ich, dass du es dir noch einmal überlegst."

Bevor Chelsea die Treppen zum oberen Stockwerk hinaufstieg, blickte sie noch einmal aus dem Fenster. Was sie sah, enttäuschte oder überraschte sie nicht. Nicht mehr. Sie hatte das alles schon einmal durchgemacht. Sawyer hatte sein Handy am Ohr und telefonierte mit jemandem – lange nach Mitternacht.

Ja, sie hatte wirklich gute Gründe.

* * *

Chelseas Verstand versuchte, all die Ereignisse des Tages zu verarbeiten. Doch es gelang ihr nur quälend langsam, als sei sie ein Computer, dessen Festplatte fast voll ist.

Sie hatte sogar fast vergessen, dass Bo in ihrer Wohnung wartete.

„Nun, haben sich die beiden benommen?", fragte sie.

„Kleine Engel waren sie! Ich hatte übrigens ein gutes Gespräch mit Hancock."

„Wirklich?"

„Das wird er dir sicher selbst erzählen." Bo grinste. „Und wie war deine Nacht?"

Chelsea war viel zu müde, um irgendetwas zu erfinden. „Ganz toll. Wir werden uns scheiden lassen. Aber es ist so das Beste. Man kann mit Sawyer wirklich gut in den Urlaub fahren. Aber das tägliche Leben mit ihm teilen? Eher nicht."

„Das hört sich für mich verdächtig nach dem ersten Ehemann meiner Frau an!"

„Tatsächlich?"

„Sie war mit einem Alkoholiker verheiratet. Er ist zweimal wegen Trunkenheit am Steuer verhaftet worden. Hatte Schwierigkeiten, seinen Arbeitsplatz zu behalten. Der totale Versager, auch als Vater. Hat immer vorgegeben, auf ‚Geschäftsreise' zu sein, nur damit er Party machen und trinken konnte."

„Wie gut, dass deine Frau ihn verlassen hat."

„Das hat sie nicht getan. Sie hat ihn zwar einige Male rausgeschmissen, aber er ist immer wieder zurückgekommen – wie Falschgeld."

„Das kenne ich auch. Wie ist sie ihn denn dann endlich losgeworden? Ich könnte ein paar Tipps gebrauchen."

„Nun, sie hat ihren Mann nicht verlassen. Er steht vor dir."

Chelsea starrte Bo für einige Momente wortlos an. „Das warst du? Was ist passiert?"

„Das klingt jetzt vielleicht ein bisschen abgedroschen, aber ... weißt du, Gott ..." Bo kratzte sich am Kinn, während er nach den richtigen Worten suchte. „Nun, er hat uns aus dieser Misere herausgeholfen. Hat sich regelrecht an unsere Fersen geheftet. Durch Freunde. Durch Ereignisse. Sogar in unserer Ehe, die vollkommen am Boden lag, ist er plötzlich sichtbar geworden. Ich wollte lediglich eine bessere Ehefrau und meine Frau einen verlässlicheren Ehemann. Doch Gott hat uns viel mehr geschenkt – sich selbst." Bo blickte nachdenklich ins Leere, die Augen voller Tränen.

„Joanne und ich waren vierzig Jahre lang verheiratet. Ich vermisse sie sehr."

„Es tut mir so leid", sagte Chelsea.

Bo griff nach seiner Bibel und seiner Jacke und stand auf um zu gehen. Doch er drehte sich noch einmal um und sah Chelsea direkt in die Augen.

„Deine Mutter hat mich einmal gefragt, ob ich für dich und Sawyer beten könnte. Ich möchte, dass du weißt, dass ich nie damit aufgehört habe."

„Ich glaube nicht, dass das mit mir und Sawyer noch mal was wird, Bo."

„Vielleicht wird es wieder, vielleicht auch nicht. Das geht mich ja im Grunde genommen auch gar nichts an, denke ich. Aber ich wollte dir sagen, dass Gott auch dir auf den Fersen ist."

Kapitel 27

„In welchem Jahr war das?" Sara zog ein vergilbtes Foto aus dem Album auf ihrem Schoß und hielt es Chelsea hin.

Das Foto zeigte eine wesentlich jüngere Sara mit Laborkittel und Schutzbrille, wie sie offenbar in der Schule ein wissenschaftliches Experiment durchführte. Ihre Frisur und ihre Klamotten deuteten auf die 80er-Jahre hin. Chelsea suchte das Bild nach weiteren Hinweisen ab. Sara hatte damals noch keine Narbe im Gesicht gehabt, doch das bedeutete nur, dass das Foto irgendwann vor 1990 gemacht worden war. Und die langen, seidig glänzenden blonden Locken hatte Sara getragen, bis sie dreißig geworden war. Doch dann kam Chelsea die Erleuchtung. „Oh! Das war im Herbst 1989."

„Nun steht es sieben zu sieben!", sagte Sara, während sie das Datum auf der Rückseite des Fotos überprüfte. „Wie bist du denn diesmal draufgekommen?"

„Das war doch einfach, Süße! Siehst du den Typen hinter dir? Das ist Roger Halbrook. In der 9. Klasse war er in deinem Chemiekurs. Deb war damals in ihn verknallt."

„Aber ihr wart doch erst im vierten Schuljahr!"

„Du kennst doch Deb. Sie hat schon immer auf ältere Kerle gestanden."

„So, nachdem wir nun den Beweis haben, dass du der nächste Sherlock Holmes bist, können wir weiterarbeiten." Sara sortierte die Fotos wieder ins Album ein. „Ich brauchte nur mal eine kleine Auszeit."

„Es tut mir leid, Sara. Eigentlich sollte ich dir helfen, Kisten für deinen Umzug zu packen, und nicht umgekehrt. Aber wir haben doch schon große Fortschritte gemacht – schau mal!" Chelsea schlitterte einmal quer durch den Salon ihrer Mutter, von einem

Ende zum anderen. Nachdem Sara und sie sich drei Abende lang durch das bunte Gemisch aus Krimskrams und Nostalgiestücken gewühlt hatten, war das nun problemlos möglich.

Sara lächelte wehmütig.

„Geht es dir gut?", wollte Chelsea wissen.

„Na ja, ich wollte dich eigentlich nicht damit belasten – aber das Angebot für unser Haus wurde zurückgezogen. Nun müssen wir wieder ganz von vorne anfangen ..."

„Das tut mir so leid, Sara. Du hättest es mir ruhig erzählen können."

„Mach dir um mich keine Sorgen. Aber wenn der Hausverkauf sich weiter so hinzieht, ziehen wir erst um, wenn die Zwillinge bereits in den Kindergarten kommen."

„Hast du noch mehr Kisten für mich, Mom?" Hancock stand in der Tür.

„Hmmm, diesen Stapel da beim Grammofon nimmt Tante Sara mit. Und alles andere können wir hier im Salon unterbringen." Chelsea zeigte auf den Apothekerschrank, den Sara und sie mittig an die Wand geschoben hatten. „Wir müssen nur noch drei Kisten durchsehen, ist das zu fassen?"

„Tante Sara, soll ich dir deine Sachen schon mal ins Auto packen?", fragte Hancock.

„Das wäre großartig – danke, werter Herr!" Sara schmunzelte.

Hancock legte verschiedene Bücher auf eine Pappschachtel, klemmte den Stapel unter sein Kinn und ging vorsichtig balancierend in Richtung Ausgang.

„Das machst du echt gut!", rief Chelsea ihm noch hinterher.

„Er scheint ja richtig guter Laune zu sein", bemerkte Sara, sobald er außer Hörweite war.

Chelsea lächelte nachdenklich. „Ja, das ist er wirklich. Er hat mir nur erzählt, dass er ein gutes Gespräch mit Bo gehabt habe, aber mehr weiß ich nicht. Auf alle Fälle fühlt er sich besser und er hat sich tatsächlich positiv verändert."

„Ich finde es toll, dass Hancock Zeit mit Bo verbringt. Bo mag es nicht, wenn er allein ist. Und da sein Sohn in Europa stationiert ist, sehen sich die beiden nicht oft."

„Das muss schwer für ihn sein", bemerkte Chelsea. Sie öffnete eine der letzten Kisten. „Oh nein, noch mehr Fotoalben! Kannst du dir vorstellen, was passiert wäre, wenn Mom einen Facebook-Account gehabt hätte?"

Sara schüttelte den Kopf. „Irgendetwas Gutes muss es schließlich haben, dass sie sich der modernen Technologie immer verschlossen hat!"

„Wie wahr, wie wahr", antwortete Chelsea und blätterte schnell über ein paar alte Fotos hinweg, die sie mit der ihr so verhassten Zahnspange zeigten. Ein Foto fischte sie heraus und besah es sich genauer. Es war ein Schnappschuss von der 10-jährigen Chelsea, auf einer Kostümparty aufgenommen. Das Foto zeigte Chelsea in einem viel zu großen, gepunkteten Petticoat-Kleid ihrer Mutter, einem Strohhut mit Seidenblumen und Pumps, die mit Zeitungspapier ausgestopft waren. Sie warf einen Luftkuss in Richtung Kamera.

Chelsea lächelte bei der Erinnerung daran, dass es ihre Mutter gewesen war, die das Foto gemacht hatte. „Schau mal, so …!", hatte Virginia ihrer Tochter zugerufen und ihr gezeigt, wie sie für das Foto posieren sollte. Und Chelsea hatte alles gegeben. „Einfach perfekt, mein Schatz!"

Chelsea hatte als Kind immer wie ihre Mutter werden wollen. Für sie war ihre Mutter einfach perfekt gewesen. Mittlerweile wusste sie es besser.

„Weißt du, Sara, ich habe lange Zeit nicht verstanden, wie Mom sich in diese katastrophale finanzielle Situation hineinmanövrieren und es dann sogar noch für sich behalten konnte. Aber nachdem ich nun eine Zeit lang in ihren Fußstapfen gegangen bin, ist mir einiges klarer geworden. Es ist sehr schwer, alleine ein Geschäft zu führen. Und es ist noch schwerer zuzugeben, dass man Hilfe braucht."

Sara nickte, doch Chelsea bemerkte, dass sie mit ihren Gedanken ganz woanders war. Sie ging zu ihrer Schwester. „Was hast du da?"

Sara betrachtete ein Bild, das sie selbst in einem Krankenhausbett zeigte. Die kleine Chelsea stand mit verhaltenem, ernstem Lächeln daneben. Saras Gesicht war geschwollen und voller Blutergüsse. Ein Auge war durch die Schwellungen ganz geschlossen. Vom linken Mundwinkel verlief eine genähte Wunde quer über das ganze Kinn. Chelsea erschauerte innerlich. Damals hatten sie und ihre Schwester mal wieder ein Wochenende bei ihrem Vater verbracht. Am Samstagabend hatte er wie gewöhnlich zu einem „Geschäftstermin" gemusst und die 16-jährige Sara gebeten, sich um die 11-jährige Chelsea zu kümmern. Mitten in der Nacht war Chelsea dann zitternd und keuchend durch einen Albtraum aufgewacht. Sie hatte Schatten draußen vor dem Fenster gesehen und bedrohliche Gebilde an der Wand ihres Schlafzimmers. Gesichtslose Kreaturen hatten ihr Bett belagert und nach ihrer Kehle gegriffen. Es war ein Traum gewesen, der sie jahrelang verfolgt hatte.

Chelsea hatte Sara angefleht, sie zurück zu ihrer Mutter zu fahren. Das war das Letzte, woran sie sich erinnerte. Später hatte sie ihre Erinnerungslücken durch einen Zeitungsartikel in der *Tribune* auffüllen können. Kurz nachdem Sara auf die Autobahn eingebogen war, hatte ein Betrunkener das Auto der beiden Mädchen gerammt. Ein Augenzeuge hatte gesehen, wie sich der kleine blaue VW dreimal überschlagen hatte, bevor er rauchend und brennend auf der Seite liegen geblieben war. Als die Sanitäter und Feuerwehrleute den Unfallort erreicht hatten, waren die Kinder schon durch einen unbekannten barmherzigen Samariter aus dem brennenden Auto gezogen worden. Chelsea war unverletzt geblieben, doch Saras Genesung hatte sich lange hingezogen.

„Soll ich dir mal was Seltsames verraten?", fragte Sara und fuhr mit dem Finger über die Narbe an ihrer Wange. „Ich bin sogar irgendwie dankbar für die ganze Sache damals."

Chelsea blieb still. Was sollte sie dazu sagen? Ihre Schwester wurde durch die Narbe im Gesicht jeden Tag an dieses furchtbare Ereignis erinnert. Doch auch Chelsea trug tief in ihrem Inneren eine Wunde, und diese war bisher nicht verheilt. Zweifel, Furcht und Bedauern hatten sie infiziert und verhinderten die Wundheilung.

„Dieses Erlebnis hat mich sensibel dafür gemacht, wie groß Gottes Liebe wirklich ist. Jedes Mal, wenn ich in den Spiegel sehe, werde ich wieder daran erinnert, wie sehr Gott mich liebt."

„Erstaunlich, dass du dir da so sicher bist", bemerkte Chelsea stockend. „Mir fällt es total schwer zu glauben, dass der Schöpfer des Universums sich um mich und dich kümmert. Dass er jeden von uns ganz persönlich sieht und liebt. Das hört sich zwar sehr schön an, aber irgendwie auch wie ein Märchen."

„Ich weiß, dass Gott in jener Nacht auf mich und dich aufgepasst hat, Chelsea."

„Warum haben wir diesen Unfall dann überhaupt erst gehabt?"

Sara hielt einen Moment inne, bevor sie antwortete. Vielleicht brauchte sie etwas Zeit, um ihre Gedanken zu ordnen, oder musste all ihren Mut zusammennehmen, um sie mit Chelsea zu teilen. „Willst du hören, was ich denke? Ich glaube, um uns herum geht so vieles vor, von dem wir keine Ahnung haben. Ich glaube, dass Gott sogar die schlechten und schlimmen Dinge, die uns widerfahren, so gebrauchen kann, dass sie schließlich zu unserem Besten dienen."

„Du hörst dich schon an wie unsere Mutter!", sagte Chelsea und beendete das Gespräch, indem sie aufstand. „Hey, hast du übrigens ihr Sinatra-Album gefunden? Ihr Lieblingssong *Lost in the stars* geht mir immer noch im Kopf herum, aber ich erinnere mich nur noch an den Refrain."

„*We're lost in the stars, lost in the stars ...*", zwitscherte Sara mit ihrer federleichten Sopranstimme. „Das ist auch alles, was ich noch zusammenkriege, aber ich liebe dieses Lied! Ich bin mir sicher, dass wir das Album irgendwo dort drüben finden. Es wird nur wie die Suche nach der berühmten Nadel im Heuhaufen." Sara zeigte auf die beeindruckende Plattensammlung ihrer Mutter, die in einer Ecke des Raumes aufgeschichtet war.

„Na, wenigstens ist der Refrain gut, wenn wir uns schon an sonst nichts mehr erinnern", lachte Chelsea.

* * *

Während Chelsea an diesem Abend nach oben in ihre Wohnung ging, summte sie immer noch *Lost in the stars.* Als sie die Tür zum Kinderzimmer vorsichtig einen Spaltbreit öffnete, erhielt der Song eine vollkommen neue Bedeutung für sie. Unter dem Sternenzelt des Nachtlichtes sah sie Emily und Hancock vor dem untersten Etagenbett knien und beten. Ihr leises, ehrfurchtsvolles Geflüster war für Chelsea nicht zu verstehen. In ihr stiegen Erinnerungen an unzählige Abende auf, an denen sie als Kind selbst in diesem Zimmer gekniet und gebetet hatte. Jeden Abend hatte ihre Mutter sie liebevoll darin angeleitet, mit ihrem himmlischen Vater zu sprechen – so, wie es Hancock jetzt offensichtlich mit Emily tat. Etwas drängte Chelsea, ins Kinderzimmer zu gehen und ihrer Verantwortung gegenüber ihren Kindern nachzukommen. Da sie aber gar nicht mehr wusste, wie sie ihren Kindern Gott nahebringen sollte, schloss sie stattdessen leise die Tür und entfernte sich.

Kapitel 28

„Dieses Schild ist … au… außer Be… Betrieb", buchstabierte Emily langsam, was auf dem Schriftdisplay vor der *Faith Community Church* zu lesen stand. „Die Bot… Bot…"

„Botschaft", half Chelsea nach.

„Die Botschaft gibt's drinnen."

„Sehr gut, meine Süße! Das war aber auch wirklich schwer", lobte Chelsea und musste über Tonys Humor lachen.

„Was bedeutet das?", fragte Emily verwundert.

„Onkel Tony möchte, dass die Leute in seine Kirche kommen, um zu erfahren, was er ihnen zu sagen hat", kommentierte Hancock.

An diesem Sonntag konnte die *Faith Community Church* ein Jubiläum begehen: Genau fünf Jahre war es jetzt her, dass durch das Pastorenehepaar Tony und Sara Morales frischer Wind in die Gemeinde gekommen war. Um diesen Jahrestag würdig zu feiern, hatte Tony bei Chelsea drei Dutzend Cupcakes bestellt – Schokolade-Espresso und Vanilla-Latte. Außerdem hatte er eine spezielle Predigt „zusammengebraut", die sich thematisch auch mit Kaffee beschäftigte. Er hoffte, der Text auf dem Schriftdisplay würde die Leute so neugierig machen, dass sie hereinkamen und selbst herausfanden, was es im Gottesdienst Gutes zu schmecken, sehen und hören gab.

„Wenn ihr eine Tasse Kaffee trinkt und sagt: *Das war gut!*, was meint ihr dann genau damit? Die Kaffeebohnen sind gut? Die Kaffeemaschine ist gut? Das heiße Wasser? Der Kaffeefilter?"

Tony ging im Mittelgang auf und ab und sah jedem Schäfchen seiner kleinen Herde direkt in die Augen. Wie er gehofft hatte, verschlangen die älteren Leute jedes seiner Worte, und – zu Chelseas großem Erstaunen – auch ihre beiden Kinder. Emily kicherte, als ihr Onkel ihr zuwinkte, während er im Mittelgang an ihr vorüberging.

„Etwas *Gutes* – das bekommen wir nur dann, wenn all die richtigen Zutaten zusammenkommen!" Tony näherte sich einem etwas erhöhten Tisch, auf dem sich seine „Predigtrequisiten" befanden – ein Pfund Kaffee, Filtertüten, eine Kaffeemaschine und ein Krug mit Wasser.

„Wenn die Kaffeebohnen perfekt geröstet und zu Pulver zermahlen sind, wenn das Wasser auf die richtige Temperatur erhitzt wurde oder wenn ihr meine Schwägerin wärt und mit dem richtigen Dampfdruck einen ausgezeichneten Latte Macchiato zubereiten könntet ... dann hättet ihr alles zusammen, um etwas wirklich *Gutes* zu schaffen."

Chelsea lächelte höflich, als sich einige Augen auf sie hefteten, doch in Gedanken war sie ganz woanders. Irgendwo im Gottesdienstraum spielte jemand ständig mit einem Schlüsselbund herum. Chelsea Blick wanderte zur ersten Reihe, wo ein älterer Herr neben Sara saß. Fast wäre ihr das Herz stehen geblieben – der alte Mann war ihr Vater!

Natürlich, sie hätte damit rechnen sollen, dass Sara ihn zu diesem besonderen Jubiläum mit in den Gottesdienst nahm – aber warum verhielt er sich so unangemessen? Hatte er vielleicht irgendeinen nervösen Tick entwickelt?

Von diesem Moment an war der Gottesdienst für Chelsea gelaufen. Sie konnte der Predigt von Tony nur noch bruchstückhaft folgen. „Ist denn eine Hungersnot oder ein Herzinfarkt gut? ... im Leben von Josef ... Kämpfe, Stürme des Lebens, Tod ... Gott kann auch den schlimmen Dingen noch einen Sinn verleihen ..."

Tony beendete seine Predigt damit, dass er vor aller Augen genüsslich einen Schluck dampfenden, frisch gebrühten Kaffee trank. Das war die Gelegenheit für Chelsea, mit Hancock und Emily schnell in den Eingangsbereich zu ihrem Kaffeestand zu fliehen. Sie machte sich hinter der Theke zu schaffen, richtete ihre

Cupcakes zur Verkostung an und stellte Kannen mit aromatisiertem Kaffee bereit.

„Sie kennen meine Nichte, nicht wahr!?", rief ihr ein Mann aus einem Rollstuhl heraus zu. Er trug einen eleganten Filzhut und einen maßgeschneiderten, sportlichen Blazer. Der Mann war jünger als die meisten anderen Gemeindeglieder und besaß eine athletische Figur, was den Rollstuhl noch unpassender erscheinen ließ.

„Ja, kenne ich sie?" Chelsea gab dem Mann einen Vanilla-Latte-Cupcake und einen Pappbecher mit dampfendem Kaffee.

„Katrina!" Seine starke, laute Stimme erfüllte den Eingangsbereich. „Ich bin sehr froh, dass sie einen Job in Ihrem Café gefunden hat. Sie kann manchmal etwas schwierig sein, wissen Sie."

„Nun, meine Kunden mögen sie jedenfalls. Und ich auch."

„Ich glaube, dass Sie einen guten Einfluss auf Katrina haben."

„Da wäre ich mir nicht so sicher", murmelte Chelsea.

„Ich bin übrigens Frank. Meistens bin ich sehr beschäftigt, aber ich will unbedingt in der nächsten Zeit mal in Ihrem Café vorbeischauen. Als passionierter Informatiker reizt es mich natürlich, mir mal Ihr Netzwerk anzusehen."

Chelsea schmunzelte. „Natürlich, gern! Ich heiße übrigens Chel –" Sie brach ab, als ihr Vater in den Eingangsbereich kam. Augenblicklich überfiel sie der unwiderstehliche Drang, sich schnell hinter die Theke zu bücken und so zu tun, als müsse sie ihre Schnürsenkel binden. Die alte Chelsea hätte das sicher auch getan – sie wäre feige in Deckung gegangen und hätte gehofft, dass ihr Vater sich einfach in Luft auflösen würde. Doch die neue Chelsea blieb aufrecht, schüttelte Frank die Hand und beendete ihren Satz. „Ich heiße Chelsea. Ich würde mich freuen, Sie bald im Café begrüßen zu dürfen."

* * *

Während Chelsea ihre letzten Kunden bediente, stand ihr Vater in einer Ecke und beobachtete sie. Die ganze Zeit über spielte er laut klimpernd mit seinem Schlüsselbund.

Chelsea nahm sich vor, Sara auf dieses ungewöhnliche Verhalten anzusprechen. Einen Moment lang war sie versucht, ihrem Vater diese Frage gleich persönlich zu stellen. Doch dazu hätte sie natürlich mit ihm reden müssen und das war undenkbar. Sie hatte nicht vor zurückzuschauen – das wäre genauso unsinnig, wie beim Autofahren die ganze Zeit nur in den Rückspiegel zu blicken. Wenn sie und die Kinder eine Zukunft haben sollten, musste sie sich auf den Weg konzentrieren, der *vor* ihnen lag.

Chelsea wandte sich wieder ihrer Arbeit zu.

Kapitel 29

„Ihre Website … kann man ihr jede Frage stellen und Gott schreibt zurück?" Der dürre Junge starrte Chelsea von jenseits der Theke her an.

Glücklicherweise war das Wetter wärmer und freundlicher geworden, seit er das letzte Mal im Café gewesen war. Genauso verhielt es sich jetzt auch mit dem Gesichtsausdruck des Jungen, vor allem, nachdem er gehört hatte, dass Gott vielleicht auf der anderen Seite des Blogs auf ihn wartete.

„Nun …", Chelsea wog jedes ihrer Worte ab. „Das ist zumindest das, was ich von meinen anderen Kunden höre. Ich selbst habe es nie ausprobiert. Wie geht es dir denn, Marcus?"

„Gut", sagte er und zählte sein Kleingeld auf die Theke.

„Trinkt deine Mutter noch immer einen dreifachen Café Breve?"

„Ja, aber woher wissen Sie das?" Marcus sah sie misstrauisch an.

„Ich kann mich an vieles sehr gut erinnern." Chelsea seufzte. „An alles, eigentlich." Sie nahm das Geld des Jungen von der Theke, ohne es nachzuzählen. „Müsstest du nicht eigentlich in der Schule sein, Marcus?"

„Ich werde zu Hause unterrichtet", sagte er und blickte zu Boden. Nun war es an Chelsea, misstrauisch zu sein.

Sie gab Marcus den Kaffee für seine Mutter, einen heißen Kakao für ihn selbst und ein paar Plätzchen mit auf den Weg. „Die gehen aufs Haus. Marcus, du kannst jederzeit hier vorbeikommen, okay?"

„Wow, danke!"

Noch während Marcus das Café verließ, trat ein weiteres vertrautes Gesicht an die Theke.

„Deb! Wie schön, dich wiederzusehen! Gerade gestern haben Sara und ich ein altes Foto von deiner Jugendliebe entdeckt. Herrlich, sag ich dir! Wie wir damals alle aussahen …"

Deb lächelte verhalten. „Hi Chelsea, ich freue mich auch, dich zu sehen!" Wie immer war Deb nach dem neuesten Trend und makellos gekleidet – sie trug ein maßgeschneidertes schwarzes Etuikleid, eleganten Silberschmuck und passende Accessoires. „Du hast wirklich etwas aus diesem Café gemacht, das sieht man gleich!"

„Danke, Deb." Insgeheim wunderte sich Chelsea allerdings, wie ihre alte Schulfreundin durch ihre dunkle Designer-Sonnenbrille hindurch überhaupt *irgendetwas* sehen konnte. „Wie geht es dir? Ich hab dich lange nicht gesehen."

„Ach, ich war einfach nur sehr beschäftigt. Kannst du mir einen doppelten Espresso machen? Und dazu hätte ich gerne noch eins von diesen Mini-Rosinenbrötchen."

Während Manny und Katrina die Bestellung von Deb zusammenstellten, wagte Chelsea sich vor und fragte: „Geht es dir wirklich gut?"

„Ach …", Deb drehte gedankenverloren an ihrem Ehering. „Was denkst du –"

„Eine Zustellung für Mrs Chambers!" Die Anlieferung eines riesigen Straußes zartgelber Rosen zerstörte diesen Moment, in dem Deb sich gerade zu öffnen begonnen hatte.

„Dir geht es gut, wie ich sehe!", sagte sie zu Chelsea.

Chelsea verdrehte übertrieben die Augen. „Mein Leben ist ganz und gar nicht so rosig, wie es den Anschein hat." Sie legte den Strauß zur Seite und lehnte sich über die Theke zu Deb hinüber. Sie hoffte, den Gesprächsfaden wieder aufnehmen zu können. „*Wozu* soll ich etwas denken?"

„Was denkst du …" Doch der Moment der Offenheit war verstrichen. „… könnte ich eure Internetverbindung nutzen? Ich hab da ein paar verrückte Dinge gehört!"

„Klar. Fühl dich wie zu Hause."

Während Deb sich an einen zierlichen Teetisch zurückzog, ging Chelsea mit dem Strauß Rosen in den kleinen Salon hinüber, der bald eröffnet werden konnte. Sie setzte sich in den Ruhesessel ihrer Mutter und las das kleine Kärtchen, das am Strauß befestigt war.

Gibt es schon Pläne für Hancocks Geburtstag? Ich kann es kaum glauben, dass unser Junge schon dreizehn wird! PS: Verstößt der Strauß gegen die Regeln?

Chelsea klopfte unruhig mit dem Finger an die Karte. Verstieß der Blumenstrauß gegen die von ihr aufgestellten Regeln? Sie war sich unsicher. Es dämmerte ihr, dass Sawyer und sie nun, da sie sich unaufhaltsam auf die Scheidung zubewegten, neue Regeln brauchten. Aber sie hatte keine Ahnung, welche das sein könnten. Für einen kurzen Moment überlegte sie, ob sie nicht doch Hilfe beim Gott-Blog suchen sollte. Doch sie konnte sich die Antwort schon ausmalen. Hatte Jesus nicht gesagt, man solle sogar seine Feinde lieben?

Nein danke. Chelsea würde sich ihre Regeln doch lieber selbst ausdenken.

Frage: *„Ich weiß eigentlich gar nicht, was ich fragen soll. Ich habe meine Familie verraten. Ich trage so viele Geheimnisse mit mir herum. Mein schlechtes Gewissen quält mich."*

Chelsea lauschte, als ein unverschämter junger Hipster einige der traurigeren Einträge zur allgemeinen Belustigung seiner Freunde vorlas. Normalerweise machte es Chelsea nichts aus, wenn sich ihre Kunden gegenseitig Einträge aus dem Blog vorlasen. Viele erhielten dadurch neue Hoffnung und Ermutigung. Aber dieser gemeine Voyeurismus ging ihr gegen den Strich.

Nachdem die ganze Tischgruppe in Gelächter ausgebrochen war, las ein Mädchen die Antwort vor.

Antwort: *"Ich kenne alle deine Geheimnisse. Auch jenes, das du in deiner Brieftasche mit dir herumträgst. Wenn du bloß wüsstest, was ich dir schenken möchte und wer es ist, der hier mit dir redet – dann würdest du mich bitten und ich würde dir lebendiges Wasser geben. Ich kann dich reinigen, durch und durch. Ich liebe dich. Das habe ich immer getan. Und das werde ich immer tun. Gott.*

Chelsea war heilfroh, dass der Eintrag anonym gepostet worden war. Sie sah sich suchend im Café um und fragte sich, ob ihre alte Schulfreundin Deb etwas mit diesem Eintrag zu tun hatte.

Doch sie war nicht mehr da.

Kapitel 30

„Wundervoll!", rief Manny begeistert aus. „Ich kann es nicht erwarten, den Salon morgen früh voller Leute zu sehen!"

Chelsea trat einen Schritt zurück, um den sonnendurchfluteten Wintergarten, dessen Verwandlung nun abgeschlossen war, zu bewundern. Sie hatten es geschafft, den begrenzten Platz des kleinen Salons optimal zu nutzen, ohne dass er seinen Vintage-Charme einbüßte. Dafür sorgten der Apothekerschrank, die Spitzenvorhänge, der antike Ohrensessel sowie das auf Hochglanz polierte Grammofon, das unter einem kleinen Wandregal voller alter Schallplatten stand, die förmlich darum bettelten, abgespielt zu werden.

„Bo, du hast dich selbst übertroffen!" Chelsea ließ bewundernd eine Hand über zwei Tische gleiten, die Bo aufgearbeitet hatte. „Das Kompliment gilt auch meinem zuverlässigen Assistenten!" Bo klopfte Hancock auf den Rücken.

„Natürlich!", sagte Chelsea und stellte den Blumenstrauß von Sawyer auf einen der Tische. „Hancock, weißt du schon, was du an deinem Geburtstag machen willst?"

„Ich will das machen, was wir immer gemacht haben", antwortete ihr Sohn.

Chelsea biss sich auf die Lippe. Sawyer hatte mit Hancock eine ausgefallene Geburtstagstradition entwickelt. Eine Tradition, die Chelseas Knie zittern ließ und bei der sich ihr Magen verkrampfte. An jedem Geburtstag fuhr Sawyer mit Hancock in den nächstgelegenen Freizeitpark, wo die beiden die höchsten, schnellsten und nervenaufreibendsten Achterbahnen und Fahrgeschäfte ausprobierten – eines für jedes Lebensjahr. Chelsea, auf deren persönlichen Hitliste der Phobien Höhenangst ganz oben stand, konnte sich keine schlimmere Art vorstellen, einen

Geburtstag zu feiern. Außer natürlich, Hancocks Geburtstag mit *Sawyer* zu feiern.

„Ich dachte, dass wir in diesem Jahr vielleicht eine neue Geburtstagstradition beginnen könnten. Du weißt schon, weil du ja nun kein Kind mehr bist, sondern ein echter Teenager wirst!?"

Chelsea hatte versucht, ganz locker und fröhlich zu klingen, doch als sie Hancocks Gesicht sah, wusste sie sofort, dass er ihre Taktik durchschaut hatte.

„Ja, ich weiß schon." Hancocks Antwort triefte nur so vor Teenagersarkasmus. „Warum planst du meinen Geburtstag nicht gleich selbst? Dann kannst du mir sagen, was ich tun soll." So schnell die Worte aus seinem Mund gesprudelt kamen, so schnell war er auch verschwunden. Er ließ Chelsea, Bo und Manny in betretenem Schweigen zurück.

„Manny, was meinst du, sollen wir es für heute gut sein lassen?", fragte Bo.

Manny nickte. „Klar, der morgige Tag wird anstrengend genug!"

„Danke, ihr beiden, für eure Hilfe – ihr seid die Besten! Ich glaube, ich gehe jetzt lieber nach oben und rede mit meinem Sohn." Auf dem Weg zur Treppe drehte sich Chelsea noch einmal um. „Wünscht mir Glück!"

* * *

Sie entdeckte Hancock in der Küche, wo er gerade ein Schälchen mit Eis auslöffelte. Chelsea wollte schon dazu ansetzen, ihn dafür zu rügen, dass er so spät abends noch etwas Süßes aß. Doch sie besann sich eines Besseren, setzte sich stattdessen zu ihm und nahm sich ebenfalls etwas Eis.

Wenn du sie nicht schlagen kannst, verbünde dich mit ihnen.

„Sind sie gegangen?", fragte Hancock eine Weile später.

„Ja. Ich glaube, du solltest dich morgen bei Bo und Manny für deinen abrupten Abgang entschuldigen."

Hancock nickte langsam und rührte mit seinem Löffel in dem kleinen Schokoladeneis-See, der sich in seiner Schale zu formen begann. „Das ist alles nicht so einfach, weißt du?"

Chelsea beobachtete ihren Jungen dabei, wie er verzweifelt nach Worten suchte, um seine Gefühle auszudrücken – eine Eigenschaft, die er sicher von ihr geerbt hatte.

„Ich mag es überhaupt nicht, dass wir keine Familie mehr sind", sagte er schließlich. „Und jedes Mal, wenn ich denke, ich habe mich ein bisschen an die neue Situation gewöhnt, gibt es wieder etwas anderes, das sich ändert."

Chelsea zog erstaunt die Augenbrauen hoch. Ihr Sohn hatte genau das in Worte gefasst, was sie selbst auch empfand. Sie drückte ermutigend seine Hand.

„Mom, ich weiß, dass Dad nicht perfekt ist, und dass du ihn nicht sehen willst. Aber er ist mein *Vater*. Du kannst ihn nicht für immer aus unserem Leben streichen."

Kapitel 31

Katrina stieß die Schwingtüren auf und kam in die Küche. „Da ist jemand, der dich sehen will."

„Hat dieser Jemand auch einen Namen?"

„Vielleicht. Ich habe ihn allerdings nicht verstanden. Der Typ ist jedenfalls groß, lächelt ständig und sieht aus wie ein Model aus einem Lifestyle-Magazin."

Dennis Darling.

Chelsea musste lächeln. „Sag ihm, ich bin gleich da."

Sie war gerade dabei gewesen, ein neues Rezept zu entwickeln. Dadurch, dass sie jetzt mehr Hilfe im Café hatte, war das wieder möglich. Chelsea wusste noch nicht, wie viele Lagen die Torte schließlich haben würde – aber mit den tausend Fragen und Problemen, die sie gerade beschäftigten, könnte sich die Torte sehr wohl zum Turm von Babel entwickeln. Aber der Kuchen konnte erst einmal warten. Chelsea betrachtete sich prüfend im Glasfenster ihres Gastronomie-Ofens und bändigte ein paar lose Haarsträhnen.

* * *

„Mr Darling!" Chelsea streckte zur Begrüßung die Hand aus, doch Dennis' Hände waren anderweitig im Einsatz. „Die sind für Sie", sagte er und reichte ihr zwei Kartons mit ofenfertigen Pizzen aus einer Gourmet-Pizzeria. „Und für Ihre Kinder natürlich", fügte er hinzu.

„Das ist wirklich sehr aufmerksam von Ihnen!"

„Sie sind eine sehr beschäftigte Frau. Sie haben sich eine Pause verdient." *Dieses Lächeln, diese strahlend weißen* Zähne, diese verschmitzten Wangengrübchen und diese männliche Kinngrube! *Ein Fest für die Augen.*

Chelseas Kopf war mit einem Mal wie leer gefegt. Sie wusste nicht, was sie antworten sollte, also lachte sie nur. Schließlich gelang ihr aber doch noch ein einfaches „Danke".

„Also, ich habe mich gefragt –", begann Dennis.

„Achtung!!!", brüllte Manny, als sich sein mit Rollen versehener Putzeimer plötzlich selbstständig machte und direkt vor Dennis Darling umkippte. Ein Schwall dreckigen Putzwassers ergoss sich über den unteren Teil seiner khakifarbenen Bundfaltenhose und seine wildledernen Schnürschuhe. „Uuups", brachte Manny hervor und starrte auf das, was er angerichtet hatte.

„Oh, es tut mir so leid, Dennis!", stammelte Chelsea.

„Aber bitte … Missgeschicke passieren nun mal."

„Manny, könntest du Mr Darling bitte ein Handtuch bringen?"

„Natürlich, ich hole ein Tuch." Mannys Stimme ließ seltsamerweise alle Dringlichkeit vermissen. Gemütlich schlenderte er in die Küche.

„Ach, was soll's …", murmelte Chelsea und schnappte sich schnell ein paar Servietten von der Theke. Während sie und Dennis gemeinsam versuchten, die vollkommen durchnässten Wildlederschuhe zu retten, begann Dennis erneut: „Ich habe mich gefragt, ob wir vielleicht zusammen zu Mittag essen könnten?"

„Oh …"

„Natürlich nur, wenn Sie es einrichten können." *Schon wieder dieses Lächeln.*

* * *

Nachdem sie sich schnell umgezogen hatte, verließ Chelsea das Café in einem maßgeschneiderten schwarzen Kleid, das von ihr seit der Trennung von einem gewissen Footballstar nicht wieder getragen worden war.

„Haben Sie Kinder?" Chelsea nahm das Spielzeug in Augenschein, das auf dem Rücksitz des BMW-Geländewagens von Mr Darling lag.

„Drei sogar. Sie sind das Wichtigste in meinem Leben."

„Aber Sie sind nicht …"

„Nein. Ich bin geschieden. Das ist jetzt schon zwei Jahre her."

„Entschuldigung. Ich wollte nicht neugierig sein."

„Kein Problem. Zuerst war es sehr schwer. Keiner von uns beiden war unschuldig daran, dass es nicht funktioniert hat. Es war im täglichen Miteinander einfach schwierig. Es hat sich immer irgendwie angefühlt wie ein Kampf, der zu viele Opfer fordert. Aber nun … den Kindern geht es prima und ich lerne mich selbst ganz anders kennen. Ein neuer Dennis Darling. Das ist eine gute Erfahrung. "

„Das freut mich für Sie."

„Es tut mir leid, dass ich jetzt so viel von mir geredet habe. Eigentlich waren Sie ja gar nicht neugierig."

„Nein, nein. Ich finde es interessant, was Sie erzählen! Ich freue mich, dass es Ihnen jetzt wieder so gut geht. Um ehrlich zu sein … ich bin gerade in einer ähnlichen Situation, wie Sie sie durchgemacht haben."

„So etwas in der Art habe ich mir schon gedacht."

Sie unterhielten sich weiter angeregt, bis sie die Terrasse eines idyllischen kleinen Bistros erreichten, das Mr Darling ausgesucht hatte.

Chelsea entspannte sich vom Stress des Tages, als sie die wundervoll angelegte Umgebung betrachtete.

Äußerst modisch gekleidete Menschen flanierten zwischen ebenso modischen Geschäften und eleganten kleinen Restaurants und Bistros hin und her. Auch Chelseas Hauptkonkurrent, Starbucks, war vertreten.

Dennis studierte konzentriert die Weinkarte und bestellte dann einen Wein, dessen Name französisch und sehr kultiviert klang.

„Zwei Gläser?", fragte er Chelsea.

„Warum nicht?"

Als sich der Kellner wieder entfernt hatte, fragte Dennis: „Wie hat sich das bisher für Sie angelassen – das Café Ihrer Mutter weiterzuführen?"

„Es ist schwerer, als ich gedacht hatte. Das Café *und* die neue Version unserer Familie zu managen, ist eine ganz schöne Herausforderung. Aber es gibt auch Momente, in denen ich weiß: Es lohnt sich." Chelsea musste unwillkürlich lächeln. „Was Sie da vorhin sagten – darüber, dass Sie sich selbst ganz anders kennengelernt haben –, das kommt mir bekannt vor. Diese *neue* Chelsea kennenzulernen ist eine gute Erfahrung."

Es war auch eine gute Erfahrung für Chelsea, einmal mit jemandem zu essen und zu reden, der nicht ein Kunde, ein Mitarbeiter oder ein Kind war.

* * *

Als das Dessert serviert wurde, brachte Dennis endlich sein eigentliches Anliegen vor.

„Ich möchte gerne das *Higher Grounds Café* kaufen."

„Was?"

„Ich möchte gerne das *Higher Grounds Café* kaufen."

„Warum, um Himmels willen?"

Dennis zeigte auf das Starbucks Café gegenüber. „Innerhalb eines Monats ist der Kundenstamm dieses Starbucks-Ladens um 40 Prozent zurückgegangen. Ich bin einer der Eigentümer, deshalb weiß ich, wovon ich rede."

„*Vierzig* Prozent? Warum so viel?" Chelsea konnte den Grund dafür zwar leicht erraten, doch sie wollte ihn aus Dennis Mund hören.

„Wegen Ihres Cafés. Die Leute lieben diese Künstleratmosphäre, den Vintage-Charme, Ihr hausgemachtes Gebäck und die Kaffeekunst Ihrer Mitarbeiter."

„Und den Gott-Blog natürlich."

„Gewiss. Dennoch sind Sie auch ohne den Gott-Blog sehr gut in dem, was Sie tun."

„Einmal angenommen, ich würde das Café tatsächlich an Sie verkaufen – was würde dann passieren?"

„Es gibt eine Vielzahl möglicher Szenarien. Ich nenne erst mal eines: Sie führen das Café für mich und müssen sich keine Gedanken ums Geld machen. Ich trage das finanzielle Risiko. Sie tun einfach das, worin Sie gut sind, und können besser schlafen."

Chelsea hatte zwar mit dem Gedanken gespielt, das Gebäude zu verkaufen, aber nie wirklich daran gedacht, stattdessen nur ihr Geschäft zu veräußern. Sie wusste nicht, welchen Preis man dafür überhaupt verlangen konnte. 200.000? 300.000? 500.000 Dollar?

„Eine Million Dollar wäre sicher angemessen, meinen Sie nicht?" Chelsea bluffte nur.

„Eine Million wäre angemessen", erwiderte Dennis, ohne mit der Wimper zu zucken.

Chelsea kippte ihren Eistee in großen Schlucken herunter.

„Natürlich – egal an welches Szenario wir denken – bleibt der Gott-Blog Teil des Cafés", ergänzte Dennis.

„Sicher. Aber Sie müssen wissen, dass nicht *ich* hinter dem Gott-Blog stecke."

„Dann werden wir natürlich den unter Vertrag nehmen, der dahintersteckt. Oder wir ersetzen ihn durch jemand anderen. Ihre Kunden werden den Unterschied kaum bemerken. Wie ich schon sagte, es gibt eine ganze Reihe denkbarer Szenarios. Aber bis dahin ... Sie haben doch bestimmt ein Sicherheitssystem, nicht wahr?"

„Wahrscheinlich sollte ich das tatsächlich haben. Aber da muss ich leider passen. Der Router steht einfach in der Vorratskammer zwischen Servietten und Kaffeebohnen."

„Machen Sie sich keine Gedanken. Das Wichtigste ist jetzt für Sie, auf der Hut zu sein. Schützen Sie sich und Ihr Café. Vor allen Dingen vor den Leuten, die Ihnen Ihren Erfolg abspenstig machen wollen. Ich glaube, vor Chelsea Chambers liegt eine strahlende Zukunft, ein weiter Horizont voller Möglichkeiten."

„Nun ... ich weiß nicht ..."

Dennis nahm Chelseas Hand und drückte sie ermutigend. „Ich weiß, dass Sie erst einmal darüber nachdenken müssen. Aber ziehen Sie mein Angebot bitte ernsthaft in Betracht."

Eine strahlende Zukunft. Eine Million Dollar. Dieses sinnliche Lächeln.

* * *

An diesem Abend backte Chelsea bis spät in die Nacht hinein. Während sie ihre Gedanken sortierte, wuchs ihre Torte Schicht um Schicht. Sinnliche Geschmacksrichtungen wie Crème brûlée, Espresso, Mokka, Mandelcreme ...

Jedes neue Szenario, das sie sich in ihrem Kopf ausmalte, erschien ihr begehrenswerter als das vorangegangene. Irgendwann wusste sie nicht mehr, wie viele Schichten ihre Torte eigentlich hatte, doch sie konnte es kaum erwarten, endlich davon zu kosten.

Kapitel 32

Antrag auf einvernehmliche Scheidung.
Chelsea las diese Worte wieder und wieder. Worte, die sich auf dem Papier so steif und formal anhörten, vollkommen losgelöst von den komplexen Gefühlen und Realitäten, die damit verbunden waren.

Sie ließ das Formular in den Umschlag zurückgleiten und versuchte, sich innerlich davon zu distanzieren. Der heutige Tag sollte feierlich und fröhlich werden, denn Hancock hatte Geburtstag.

Sie dachte an den Tag zurück, an dem sie Hancock zum ersten Mal in den Armen gehalten hatte, mit Sawyer an ihrer Seite. Nie zuvor hatte sie sich so „vollständig" gefühlt, so glücklich, so voller Hoffnung. Wenn sie sich Hancock heute ansah, erging es ihr ganz ähnlich, und doch auch anders. Es schien ihr, als sei sie auf dem mutmaßlichen Gipfel eines Berges angekommen, nur um herauszufinden, dass sie gerade erst den Fuß erreicht hatte. Es lag noch ein weiter Weg vor ihr, bis sie endlich am Gipfelkreuz stehen und hinunterschauen könnte.

Dennoch war es langsam an der Zeit, dass sie ihre Höhenangst besiegte.

Chelsea schlich die Treppe hinauf. In den Händen hielt sie einen Kuchen, der über und über mit bunten Smarties und dreizehn brennenden Kerzen bestückt war. Emily und sie brachten Hancock ein Geburtstagsständchen, wie in jedem Jahr. Dann musste er, noch ganz verschlafen, die Kerzen auspusten. Es war eine Familientradition, dass das Geburtstagskind seinen besonderen Tag mit einem Stück Kuchen beginnen durfte. Danach erst gab es das „richtige" Frühstück. Das nahmen Chelsea und die Kinder an diesem Tag in Hancocks Lieblingsrestaurant ein. Manny und Katrina sorgten unterdessen für das Café, sodass die Familie den ganzen Tag lang feiern konnte.

In den vergangenen Jahren war Hancock an seinem Geburtstag von seinem Vater immer mit exklusiven Überraschungen verwöhnt worden. An seinem zehnten Geburtstag zum Beispiel hatte sein Vater einen Jet für Hancock und seine Freunde gemietet und war mit ihnen nach New York zum Baseballstadion der Yankees geflogen. Zum krönenden Abschluss des Tages hatte Sawyer die Kinder dann noch zum Achterbahnfahren in den Freizeitpark auf Coney Island eingeladen. Sawyer hatte immer ein Händchen für extravagante, übertriebene Überraschungen gehabt. Doch an diesem Tag hatte sich auch Chelsea eine besondere Überraschung für Hancock ausgedacht, wenn auch wesentlich bescheidener. Es war ein wunderschöner Morgen, an dem man gut etwas draußen unternehmen konnte. Es war zwar noch ein wenig kalt, aber sonnig. Die Vögel sangen um die Wette. Chelsea mietete für sich und die Kinder eine Pferdekutsche und bat den Kutscher, sich bei der Fahrt durch die Stadt Zeit zu lassen. Die Pferde trabten gemächlich durch das Stadtzentrum, bis sie das *Alamo*, eine frühere Missionsstation und ehemaliges Fort, erreichten.

Hancock liebte das alte Gebäude und die Geschichte des texanischen Unabhängigkeitskrieges, die damit verbunden war. Seine absoluten Helden waren Oberstleutnant William Travis, der Abenteurer Jim Bowie und der Kriegsheld Davy Crockett, die das Fort dreizehn Tage lang gegen die Belagerung durch die Mexikaner gehalten hatten. Bei der Audiotour durch das Museum konnte sich Hancock alles ganz genau ausmalen – blitzende Säbel, donnernde Kanonen –, bis Emily irgendwann anmeldete, sie habe Hunger.

Chelsea schlug vor, dass sie zum *Pig Stand* gehen könnten – einer weiteren berühmten „Sehenswürdigkeit" in San Antonio. Das kultige, kitschige Vintage-Fastfood-Restaurant zog schon seit 1920 wahre Ströme von Kunden an. An lauen Sommernächten fanden auf dem Parkplatz davor 50er-Jahre-Tanzpartys statt. Doch an diesem noch etwas kühlen, sonnigen Frühlingstag würden Chelsea und die Kinder einfach das Essen und den Rock 'n' Roll aus der Jukebox genießen können.

Sara, Tony und Bo saßen schon wartend an einer der Tischgruppen aus rotgoldenem Plastik, die mit Luftballons und Geschenken geschmückt war. Nachdem Hancock von allen umarmt und beglückwünscht worden war, bekam er von Bo eine mit seinem Namen versehene, in dunkelblaues Leder gebundene Bibel und ein Werkzeug-Set. Sara und Tony schenkten Hancock eine DVD-Spezialausgabe der Star-Wars-Trilogie. Dann gab es erst einmal für alle eine Runde „Pig-Sandwiches". Das Fleisch war so zart und die Sandwiches so saftig, dass man beim Essen eigentlich ein Lätzchen hätte tragen müssen.

Nach dem Essen stieg Chelsea mit den Kindern in den Kleinbus von Sara und Tony und los ging es zu ihrem nächsten Programmpunkt.

„Du sollst nicht schummeln!", schimpfte Emily vergnügt mit ihrem Bruder, der versuchte, unter der Augenbinde hervorzublinzeln, die ihm zu Beginn der Fahrt angelegt worden war.

„Sind wir schon da?", fragte Hancock.

„Es ist nicht mehr weit", rief Tony vom Fahrersitz aus zu ihm nach hinten.

Noch fünfmal stellte Hancock dieselbe Frage, bevor der Bus endlich zum Stehen kam. Chelsea half Hancock, dessen Augen immer noch verbunden waren, aus dem Wagen. Doch nach fünfzehn Schritten verriet ein Rumpeln und Poltern und entzückte, hysterische Schreie in der Ferne, wo sie sich befanden.

„Der Fiesta Texas Park!!!", rief Hancock und riss sich aufgeregt das Tuch von den Augen.

Der Vergnügungspark, den Chelsea schon aus ihrer Teenagerzeit kannte, war auf dem Gelände eines alten Steinbruchs entstanden und dehnte sich immer weiter aus.

„Das war doch eine gute Idee, hierherzukommen, oder?", fragte Chelsea, während sie sich den Fahrgeschäften näherten.

„Das ist so genial, Mom!", rief Hancock begeistert. „Können wir mit dem *Poltergeist* fahren?"

„Da kannst du drauf wetten, dass wir mit dem Poltergeist fahren", ertönte laut eine vertraute Stimme.

„Dad!" Hancock bahnte sich seinen Weg durch eine Gruppe von Touristen aus den Niederlanden und flog Sawyer in die Arme.

„Herzlichen Glückwunsch! Na, Überraschung gelungen?"

Hancock nickte begeistert. „Total! Aber, wieso …" Er sah sich zu Chelsea um.

„Wer bin ich, dass ich mit unserer Geburtstagstradition brechen würde?", fragte Chelsea achselzuckend.

Hancock löste sich von Sawyer und umarmte Chelsea stürmisch. „Danke, Mom."

„Herzlichen Glückwunsch, mein Sohn", sagte sie sanft, strich das Haar aus seiner Stirn und gab ihm einen Kuss. Ausnahmsweise ließ er es sich gefallen.

Dann ließ sie die Bombe platzen. „Ich weiß ja nicht, wie es euch geht, Jungs, aber ich bin bereit, den Poltergeist zu bezwingen!"

Aller Augen hefteten sich erstaunt auf Chelsea.

„*Du* willst mit dem Poltergeist fahren?" Sawyers Augenbrauen verschwanden fast in seinem Haaransatz.

„Vielleicht sogar zweimal", prahlte Chelsea mit süffisantem Grinsen und versuchte, ihr Magenflattern zu unterdrücken. „Wer kommt mit?"

Kapitel 33

Das Café brummte nur so vor Kunden. Wie gut, dass Manny sich für seine Begriffe an diesem Tag ordentlich angezogen hatte! Seine kurze Jeans-Latzhose und die Converse-Turnschuhe mit hohem Schaft verliehen ihm einen lässigen Look und waren außerdem äußerst praktisch, da es draußen langsam wärmer wurde und das Café inzwischen um den Wintergarten erweitert worden war. Mehr Räumlichkeiten und mehr Kunden – das bedeutete auch mehr Schritte, die er zurücklegen musste.

Nachdem der größte Mittagsandrang vorüber war, ließ Manny sich erschöpft auf einen Stuhl fallen. Er dachte darüber nach, wie sehr er doch seine Flügel vermisste – oder das, was die Menschen als Flügel betrachteten. Als ihm in den Sinn kam, wie die Menschen sich Engel vorstellten, musste er unwillkürlich schmunzeln. Große, schmale Frauen in seidenen, weißen Chorgewändern. Gladiatoren mit Flügeln wie riesige Vögel. Oder – und diese Vorstellung mochte er persönlich am liebsten – dicke, nackte Kleinkinder mit Flügelchen wie Küken. Kein Wunder, dass er wie die anderen seiner Kollegen, die auf der Erde in geheimer Mission unterwegs waren, diese menschliche Verkleidung tragen musste. Ohne sein „Manny-Kostüm" würden die Menschen, mit denen er hier im *Higher Grounds* zu tun hatte, vor ihm in blankem Entsetzen erstarren. Das würde Chelsea sicher überhaupt nicht gefallen.

Vor allem dann nicht, wenn es um ihren Lieblingskunden, den jungen Marcus, ging. Marcus war schon zum zweiten Mal in dieser Woche im Café. Chelsea hatte Manny gebeten, Marcus ein wenig zu verwöhnen, natürlich ohne dass der Junge es bemerkte. Heute umfasste die Sonderbehandlung zwei Becher Kakao, eine Tüte mit Mandel-Croissants und einen Cupcake frisch aus dem Ofen.

„Iss den Cupcake doch heute mal hier, wenn du möchtest!" Als der Junge begeistert nickte, trug Manny ihm den Teller mit dem Cupcake zu einem Tisch in der Nähe der Tür, teils aus Höflichkeit, teils aus Neugier. Er wollte nämlich einen Blick auf den Tisch am Eingang werfen, an dem sich äußerst interessante Dinge abspielten. Das sanfte Nachmittagslicht fiel durch die großen Panoramafenster herein, umspielte Katrina und ihren Onkel Frank und wurde vom glänzenden Edelstahl seines Rollstuhles reflektiert. Das trendige Gespann, Frank mit seinem modischen Filzhut und Katrina mit ihrem Kleid im Schachbrettmuster, schien so gar nicht in die ruhige, idyllische Atmosphäre des Cafés zu passen. Nichtsdestotrotz hatten es sich die beiden an ihrem Tisch so richtig gemütlich gemacht und durchforsteten den Gott-Blog schon seit Stunden.

„Hey Manny", sagte Katrina, die natürlich bemerkt hatte, dass er schon zum x-ten Mal um sie herumschlich. „Kannst du uns noch was von diesem Vanillegebäck bringen?"

Manny wärmte das Gebäck schnell auf, um dann wieder seinen Platz in der ersten Reihe einnehmen und ihrem Gespräch lauschen zu können. Er fand den Gedankenaustausch zwischen Skeptiker und Gläubigem äußerst spannend. Der flüchtige Beobachter wäre sicher davon ausgegangen, dass der Skeptiker in diesem Gespräch Frank war. Nach dem, was Katrina von seinem Unfall erzählt hatte, wäre das nicht verwunderlich gewesen.

„Ich war dabei, als es passierte", hatte sie Manny erzählt. „Ich habe gesehen, wie das Pferd ihn abgeworfen hat. In dem Moment, als er auf dem Boden aufschlug, wusste ich es ..." Obwohl seit jenem Tag fünf Jahre vergangen waren, zeichnete sich auf Katrinas Gesicht immer noch ein großer Kummer ab. Eigentlich war es ganz uncharakteristisch für sie, dass man ihr die Gefühle vom Gesicht ablesen konnte. „Das Schlimmste daran ist", fuhr sie fort, „dass es mein Fehler war. Ohne mich hätte er an diesem Tag gar keinen Ausritt gemacht."

Einen kurzen Moment lang hatte Manny sich gefragt, ob er

Katrina gerade aus himmlischer Sicht wahrnahm. Er erkannte den Schmerz und die Schuldgefühle, die sich in ihren Augen spiegelten. Doch genauso schnell wie der Moment der Offenheit gekommen war, war er auch schon wieder vorüber. Katrina hatte ihre Gefühle erneut unter Kontrolle. Ihr Blick war gefasst und distanziert. Das Fenster hatte sich geschlossen. Aber Manny wusste: Es würde sich wieder öffnen.

„Habe ich was verpasst?", fragte er, als er mit einem Teller voller duftendem Vanillegebäck an ihren Tisch kam.

„Ich tue es, Manny! Ich nehme Onkel Franks Wette an und stelle dem Gott-Blog tatsächlich eine Frage."

Während sie die Frage in ihr Smartphone eingab, las Katrina sie laut vor.

Frage: *Kannst du mir ein Zeichen geben? Bitte! Mit freundlichen Grüßen Katherine Lorraine Phillips.*

Sie legte ihr Handy auf den Tisch und sagte zu Frank: „Ich dachte, wenn es wirklich Gott ist, sollte ich meinen offiziellen Namen verwenden."

Nur einen kurzen Moment später erhielt Katherine Lorraine Phillips ihre Antwort. Sie las sie vor.

Antwort: *Liebste Katrina.*

„Ah, er benutzt meinen Spitznamen!"

Wie schön, von dir zu hören! Ich würde dir gerne eine Frage stellen: Wärst du bereit, einen Schritt des Glaubens zu gehen? Außerdem möchte ich viel öfter mit dir sprechen. In Liebe, Gott.

„Also, um welches Zeichen willst du bitten?", fragte Frank.

Katrina sah nachdenklich in die Ferne. Sie kaute auf ihrer

Lippe und drehte sich eine Strähne ihres rot gefärbten Haares um den Finger.

Manny musste grinsen. Im Lauf der Jahrhunderte hatte er die Verwandlung von unzähligen ehrlichen und bescheidenen Menschen auf der Suche nach Gott miterleben dürfen. Er erinnerte sich an fünf Brote und zwei Fische und zu viele Münder, die zu füttern waren. Er dachte an das Wasser im Teich Bethesda, das sich plötzlich bewegt und Menschen gesund gemacht hatte. Und Katrina? Er fühlte, dass der Wind sich gedreht hatte. Veränderung lag in der Luft.

Katrina beobachtete ihren Onkel. Dann begann ihr Gesicht zu strahlen.

„Oh nein! Nein, nein, nein! Du musst dir schon ein anderes Zeichen ausdenken!"

„Warum?"

„Weil ich schon vor Jahren damit aufgehört habe, Gott darum zu bitten!", rief Frank aufgeregt. „Und du kannst dir gewiss sein, dass ich wirklich mit allem Glauben darum gebetet habe, den ich aufbringen konnte. Ich weiß, dass ich eines Tages wieder laufen kann. Im Himmel."

„Onkel Frank, hier geht es nicht um dich. Es soll *mein* Gebet sein, *mein* Schritt des Glaubens." Katrina blickte zu Manny hinüber, der zum „Gott-Blog-Experten" vor Ort avanciert war. „Sag uns, was wir tun sollen."

Manny zog sich einen Stuhl heran und setzte sich Katrina gegenüber. Seine Antwort klang zuversichtlich. „Bitte voller Glauben. Glaube daran, dass Gott dein Gebet hört und das tun wird, was das Beste ist."

„*Was das Beste ist*? Wäre es denn nicht das Beste für Frank, wenn er wieder laufen könnte?"

„Das scheint aus unserer Sicht das Beste zu sein, Katrina. Aber beim Gebet geht es nicht darum, dass wir Gott bitten, das zu tun, was wir möchten. Wir bitten Gott darum, das zu tun, was richtig ist."

Katrina sah Manny verwirrt an.

Manny hingegen blickte hinüber zu Frank. Er lächelte.

„Frank", fragte er, „hast *du* mich denn verstanden?"

„Aber natürlich", versicherte ihm Katrinas Onkel. „Ich habe mich mit meinem Schicksal ausgesöhnt. Gott hat zwar nicht meinen Körper geheilt, aber er hat Großes in meinem Herzen getan." Frank schwieg einen Moment und sah seine Nichte an. „Aber ich bin natürlich offen für Wunder."

Katrinas Gesicht hellte sich auf. „Ich auch, Onkel Frank!"

Sie sah zu Manny hinüber, der ihr zunickte. Sie atmete tief ein und rutschte mit dem Stuhl näher zu ihrem Onkel. „Ich möchte, dass ihr mit mir zusammen betet, okay?"

Frank hatte Tränen in den Augen.

Manny kam näher.

„Ich glaube, ich weiß noch, wie das funktioniert", sagte Katrina. „Also, Onkel Frank, nimm deinen Hut ab, neig deinen Kopf und schließ deine Augen." Katrina nahm die Hand ihres Onkels und drückte sie so fest, als hinge ihr Leben davon ab. „Lieber Gott ..."

Manny blickte sie voller Erstaunen an. Nur selten hatte er einen so aufrichtigen, selbstlosen Glauben gesehen. War Katrina deshalb hier im Café gelandet? Manny ballte seine Hände zu Fäusten und unterstützte innerlich Katrinas Gebet voller Hoffnung und Glauben.

„... ich bitte dich, dass du meinen Onkel Frank heilst. Ich möchte, dass er wieder laufen kann. Bitte."

Katrina sah auf. Franks Kinn zitterte vor Rührung.

„Ich habe meinen Schritt des Glaubens gemacht. Nun musst du *deinen* tun."

Frank sah zu Manny hinüber, dann wieder zu Katrina.

„Also gut, ich versuche es." Frank biss die Zähne aufeinander und nahm all seinen Mut zusammen. Er stützte sich schwer auf die Armlehnen seines Rollstuhls und versuchte sich hochzustemmen. Während Katrina ihm half, sich aufzurichten, kamen

Marcus und ein paar andere Gäste näher, um sich das seltsame Spektakel anzusehen.

Katrina stützte Frank auf der einen, Manny ihn auf der anderen Seite. Als Frank aufrecht stand, begannen seine Beine zu zittern.

„Junge", sagte er zu Marcus, „zieh meinen Rollstuhl weg."

Marcus eilte herbei und stellte den Rollstuhl zur Seite.

Als der Rollstuhl hinter ihm verschwunden war, richtete sich Frank noch höher auf. „Ich bin bereit." Manny und Katrina ließen ihn los. Frank tat einen kleinen unsicheren Schritt nach vorne und drohte zu fallen, doch die beiden fingen ihn auf.

„Es ist gut, danke", sagte er, als er das Gleichgewicht wiedergewonnen hatte. „Es ist eine ganze Weile her, das ist alles. Lasst es mich nochmal versuchen."

Manny blickte sich im Café um. Die Gäste sahen stumm zu. In ihren Gesichtern war Hoffnung zu lesen. Kein Laut war zu hören. Doch dann vernahm Manny einen Windhauch und sah einen Lichtstrahl. Aus dem Augenwinkel heraus sah er etwas oder jemanden draußen auf der Veranda. Er schaute durch die offene Tür hinaus. Dann wandte er schnell den Blick ab.

„Ich bin bereit", ließ Frank sich vernehmen. Er riss sich förmlich von Manny und Katrina los. Dann tat er einen Schritt nach vorne. Und noch einen. Und noch einen. Er ging quer durch den Raum. Nach sechs Schritten lehnte er sich an einen Tisch und blickte zu Katrina zurück. Sein Gesicht war tränenüberströmt. Ihres ebenfalls.

„Gott hat unser Gebet erhört, Onkel Frank." Sie lächelte.

Frank lächelte zurück. „Das hat er immer, Katrina. Immer."

Kapitel 34

Chelsea schaffte es, drei Fahrten mit dem „Poltergeist" zu überstehen. Die restlichen zehn Runden fuhren Sawyer und Hancock ohne sie. Wenn jemand Chelsea noch vor einem Monat gesagt hätte, dass sie zusammen mit Sawyer im Vergnügungspark Achterbahn fahren würde, hätte sie das alles andere als vergnügt gestimmt. Noch vor einem Monat hatte sie nicht einmal an Sawyer *denken* wollen. Heute jedoch störte Sawyers Gegenwart sie überhaupt nicht. Und *das* störte sie.

Chelsea war erleichtert, dass Tony und Sara mit dabei waren, die eine natürliche „Pufferzone" zwischen Sawyer und ihr bildeten. Zu Sara gewandt sagte sie: „Man sagt ja immer, dass es die einfachen Dinge im Leben sind, die einen glücklich machen. Aber das Glücklichsein selbst ist alles andere als einfach. Schau dir nur uns an!" Sie sahen zu, wie Tony und Sawyer der kleinen Emily und Hancock dabei halfen, Gummifrösche auf Seerosen aus Metall zu katapultieren, die in einem Wasserbecken hin- und hertrieben. Emily wollte gerne ein großes Einhorn aus Plüsch gewinnen. Hancock hingegen hatte sich seinen Preis schon gesichert – einen riesigen Tintenfisch mit Tentakeln, die im Dunkeln leuchteten.

Emily und Hancock waren dann am glücklichsten, wenn sie mit ihrem Vater zusammen waren. Und Chelsea war glücklich, wenn es ihren Kindern gut ging. Sosehr sie sich auch von Sawyer zu distanzieren versuchte – ihr Glück würde immer irgendwie mit ihm verbunden bleiben.

„Sawyer scheint es im Moment ganz gut zu gehen", bemerkte Sara. „Er hat Tony erzählt, dass er sich regelmäßig mit einem befreundeten Pastor aus Austin unterhält."

„Das ist sicher gut für ihn", antwortete Chelsea. „Und je mehr er sich zum Positiven verändert, desto besser ist es für die Kinder."

„Getroffen!!!" Sawyers begeisterter Ruf war bis in die luftige, überdachte Sitzecke zu hören, in der es sich Chelsea und Sara gemütlich gemacht hatten. Sein Frosch war genau in der Mitte einer der Seerosen gelandet.

„Wir haben gewonnen, Mom!" Emily schwenkte ihr Einhorn begeistert wie eine Trophäe in der Luft.

„Ich bin schwer beeindruckt!", rief Chelsea der Gruppe entgegen, die langsam näher kam.

„Mom, können wir noch bleiben und das Feuerwerk mit ansehen? Dad hat gesagt, dass wir dich fragen sollen." Emily sah Chelsea hoffnungsvoll an.

„Ich glaube, Onkel Tony und Tante Sara müssen zurück nach Hause, um ihren Babysitter abzulösen. Außerdem haben sie morgen früh Gottesdienst."

„Vielleicht kann Dad uns ja nach Hause fahren?", fragte Hancock.

„Nun …" Chelsea sah zögernd in die Gesichter ihrer Familie. Alle nickten eifrig.

Na, danke schön auch für deine Unterstützung, Sara!

„Also gut … wenn das für dich wirklich in Ordnung ist?", fragte sie Sawyer.

„Ich wäre liebend gern euer Chauffeur." Er deutete eine Verbeugung an.

Emily machte einen Knicks. „Gracias, señor."

„Dann ist es abgemacht", bemerkte Chelsea betont locker. Aber innerlich war ihr ganz anders zumute. Das war seit ihrer Trennung das erste Mal, dass sie nur zu viert etwas zusammen unternahmen. Sie wollte nicht, dass die Kinder sich wieder Hoffnung machten. Oder Sawyer.

Als der Abend voranschritt, kamen ihr immer wieder dieselben Sätze ihres letzten Gespräches in den Sinn.

Ich habe gute Gründe für die Scheidung.

Das weiß ich. Aber irgendwie hoffe ich, dass du es dir noch einmal überlegst.

Würde Sawyer immer noch so denken, wenn sie ihm die Scheidungspapiere übergab? Chelsea wusste, dass sie allein zurechtkommen *könnte*. Sie hatte es sich selbst und allen anderen bereits bewiesen. Aber war es das, was sie wirklich *wollte*?

Sie verwarf diesen sentimentalen Gedanken schnell wieder und schrieb den Moment der Schwachheit dem wunderschönen Feuerwerk und dem Gefühl der Einsamkeit zu.

Doch darum brauchte sie sich keine Gedanken zu machen, schließlich gab es Alternativen. Hatte Dennis Darling ihr nicht gesagt, dass die Zukunft offen und voller Möglichkeiten vor ihr lag?

„Im Moment gibt es eine ganze Menge interessanter Optionen", bemerkte Sawyer enthusiastisch, während sie den Highway entlangfuhren. „Sowohl in Austin als auch in San Antonio."

Chelsea hatte Sawyer schon lange nicht mehr so begeistert gesehen. Vor allen Dingen begeistert von etwas, das eigentlich so banal war. Es war schon seltsam, wie sich die Rollen plötzlich vertauscht hatten. Sawyer war auf der Suche nach einem Job, während sie ein erfolgreiches kleines Unternehmen führte. Ein *Eine-Million-Dollar-Unternehmen*.

„Eigentlich habe ich schon immer gewusst, dass ich später mal als Coach arbeiten will", fuhr Sawyer fort. „Ich war nur noch nicht bereit dazu, mich selbst zurückzunehmen und es wirklich zu tun. Aber vielleicht ist das jetzt genau der Neustart für mein Leben, den ich so dringend brauche. Außerdem kann ich dann in eurer Nähe sein. So nahe zumindest, wie du mich ertragen kannst."

„Das hört sich gut an", bemerkte Chelsea.

Warte mal, was sag ich denn da? „Nahe" ist überhaupt nicht gut.

Sawyers magnetische Anziehungskraft brachte die Daten auf ihrer Festplatte durcheinander, die doch eigentlich so schön geordnet und sortiert gewesen waren.

„Austin würde doch perfekt passen", fügte sie deshalb schnell hinzu.

Das sind mindestens 40 Minuten Fahrtzeit.

Sawyer wirkte enttäuscht. „Ja, schauen wir mal ..."

Den Rest der Strecke legten sie schweigend zurück.

Chelsea versuchte, innerlich zur Ruhe zu kommen und sich gedanklich ganz auf das Café zu konzentrieren, vor allem auf die vielschichtige Torte, die in der Küche auf sie wartete. Allein bei dem Gedanken daran lief ihr das Wasser im Mund zusammen. Seit dem Morgen hatte sie nichts mehr von Katrina und Manny gehört. So nahm sie an, dass der Tag im Café eher unspektakulär verlaufen war.

Doch in dem Moment, als Sawyer in die Auffahrt fuhr, wusste sie, dass etwas nicht stimmte. Die Eingangstür des Cafés schwang im Wind hin und her. Zerbrochenes Glas bedeckte die Veranda. Eine Spur von Scherben zog sich quer durch das Café bis in den Vorratsraum, wo ein Berg von losen Kaffeebohnen auf dem Boden lag. Doch damit nicht genug.

Der Router fehlte. Der Gott-Blog war verschwunden.

Kapitel 35

„Geh mit den Kindern zurück zum Auto. Ich rufe die Polizei." Sawyer gab Chelsea die Autoschlüssel.

„Kommt, Kinder." Chelsea nahm Emily auf den Arm und rannte mit ihr und Hancock zum Auto.

„Wer tut so etwas, Mom?", fragte Hancock, während sie schnell in Sawyers schwarzen Cadillac Escalade stiegen.

„Ich weiß es nicht, mein Schatz."

„Was macht Daddy jetzt?"

„Er sorgt dafür, dass ihr sicher seid."

Zum ersten Mal seit langer, langer Zeit war Chelsea erleichtert und froh darüber, dass Sawyer bei ihnen war.

Hinter den getönten Scheiben des Geländewagens sah sie zu, wie sich nach und nach alle Fenster im Café und in ihrer Wohnung erhellten, während Sawyer die Räume auf Eindringlinge untersuchte.

Als die Polizei eintraf, konnte sie Sawyers Beobachtungen nur bestätigen: Allein der Router war gestohlen worden und es bestand keine unmittelbare Gefahr mehr. Es war schon nach Mitternacht, als die Polizeibeamten die Anzeige von Chelsea aufgenommen hatten und den Tatort verließen.

Eigentlich hatte Chelsea vorgehabt, für die Nacht mit den Kindern in ein Hotel zu gehen. Doch Emily schlief mittlerweile tief und fest auf dem Rücksitz und Chelsea wollte sie nicht wecken.

„Wir könnten doch einfach hierbleiben und Dad auch", schlug Hancock vor.

Sawyer sah Chelsea in die Augen. „Ich kann unten im Café auf der Couch schlafen. Die Einbrecher müssten schon verrückt sein, wenn sie zurückkämen und sich mit einem Footballstar anlegten, oder?"

„Das stimmt allerdings. Ich glaube, es ist wirklich das Beste, wenn du heute Nacht hierbleibst."

Während Sawyer die schlafende Emily vorsichtig aus dem Wagen holte und ins Haus brachte, konnte er sich ein Grinsen nicht verkneifen.

Chelsea hoffte inständig, dass sie keinen Fehler gemacht hatte.

* * *

Nach einer unruhigen Nacht schlief Chelsea bis weit in den Vormittag hinein. Als sie schließlich nach unten ins Café kam, fand sie eine unheimliche, verstörende Szenerie vor: *Ihr* Café, *ihre* Welt, wie sie ohne Chelsea zurechtkam. Manny und Katrina waren dabei, die Vorratskammer aufzuräumen. Hancock und Emily frühstückten still an einem der Tische. Sawyer und Bo ersetzten zusammen das zerbrochene Glas der Eingangstür. Chelsea wanderte umher wie ein Geist, ungesehen, unbemerkt.

„Hallo, ihr Lieben, guten Morgen!", verkündete sie laut und deutlich.

„Hallo, Chels!" Sawyer sah von seinen Reparaturarbeiten auf. Er schien sich in *ihrem* Zuhause schon wie zu Hause zu fühlen.

Manny und Katrina kamen herbeigelaufen. „Gott sei Dank, dass du mit den Kindern nicht hier warst, als die Einbrecher kamen!", rief Manny.

„Ja, dafür bin ich auch dankbar", erwiderte Chelsea. „Aber ich mache mir Sorgen. Was werden unsere Kunden sagen, wenn sie entdecken, dass der Gott-Blog verschwunden ist?"

Als das Café an diesem Morgen öffnete, erhielt Chelsea die Antwort auf ihre Frage. Es war viel schlimmer, als sie erwartet hatte.

Mit Sawyer bekam das Café eine neue Attraktion. Natürlich gab es auch Leute, die enttäuscht reagierten, weil sie sich nicht mehr in den Blog einloggen konnten. Aber Sawyer wusste sie aufzuheitern. Er konnte jeden noch so mürrischen Menschen zum Lachen bringen. Um die Mittagszeit herum hatte er bereits eine ganze Schar von Bewunderern um sich versammelt, gab Autogramme, ließ sich bereitwillig fotografieren und bezauberte sogar die, die von Football überhaupt keine Ahnung hatten. Als Chelsea Sawyer dann noch mit einem großen Stück ihrer kostbaren Schichttorte aus der Küche kommen sah, platzte ihr der Kragen. Nein, Sawyer würde sich nicht auch noch an ihrer Torte vergreifen!

Entschlossen marschierte sie nach oben in ihre Wohnung und holte den Umschlag mit den Scheidungspapieren aus der Kommode im Schlafzimmer.

Antrag auf einvernehmliche Scheidung. Mit einem Mal hörten sich die Worte für Chelsea gar nicht mehr steif und formal an. Sie sprangen ihr förmlich entgegen und lockten sie, sich den 50 Prozent anzuschließen, deren Ehen geschieden wurden. Sie unterschrieb auf der gestrichelten Linie und hastete nach unten. Es war an der Zeit, Sawyer zu zeigen, dass sie Ernst machte.

Bei der ersten sich bietenden Gelegenheit zog Chelsea Sawyer in die Küche und gab ihm den Umschlag.

„Du hast schon *unterschrieben*?" Sawyer biss seine Zähne zusammen und stützte sich auf der Arbeitsplatte aus Edelstahl ab.

Chelsea war sich nicht sicher, ob er eher den Tränen nahe war oder kurz vor einem Wutausbruch stand.

„Wenn wir es noch länger hinziehen, wird es die Kinder nur verwirren." Chelsea versuchte, standhaft zu bleiben. „Dass du heute Nacht dageblieben bist und dich auch jetzt immer noch im Café aufhältst, ist da eher kontraproduktiv. Aber natürlich war es nett von dir, uns zu helfen."

Nach einer unangenehmen Minute des Schweigens gab Sawyer ihr die Papiere zurück. „Hier!"

„Was soll das bedeuten?"

„Ich kann sie nicht unterschreiben."

„Was heißt das, *du kannst sie nicht unterschreiben?* Du hattest dich doch schon einverstanden erklärt!" Chelseas Stimme schwankte auf und ab wie ein Schiff in starkem Wellengang.

„Nun, ich bin aber nicht mehr mit der Scheidung einverstanden!" Sawyer knallte den Umschlag auf die Arbeitsplatte.

„Mach es uns doch nicht schwerer, als es ohnehin schon ist. Dann werde ich dir die Papiere eben über deinen Anwalt zukommen lassen."

„Tu, was du nicht lassen kannst!"

„Chelsea?" Manny trat durch die Schwingtür in die Küche. Doch die spürbare Spannung im Raum ließ ihn abrupt innehalten. „Oh, tut mir leid."

„Kein Problem", knurrte Sawyer. „Ich wollte sowieso gerade gehen."

Als Sawyer auf ihn zumarschierte, floh Manny ins Café zurück.

„Du kannst doch jetzt nicht einfach so gehen!?", rief Chelsea.

Sawyer blieb stehen und drehte sich um. Ein Kraftfeld schien von ihm auszugehen und die Küche zu durchdringen. „Was willst du? Was soll ich tun, Chelsea? Wenn du mir sagst, dass ich bleiben soll, bleibe ich. Ich kann dir allerdings nicht versprechen, dass ich immer alles richtig mache. Aber ich hoffe, dass ich immer mehr zu dem Mann werde, den du um dich haben möchtest. Der Mann, mit dem du deine Kinder großziehen und dein Zuhause teilen möchtest. Ich bin auf dem Weg dahin, Chelsea. Ich will mich verändern – für Hancock und Emily und für mich selbst. Und auch für dich, weil ich dich liebe. Weil ich *verliebt* in dich bin. Also sag mir bitte, was ich tun soll, und ich werde es tun."

Chelsea sank auf einen Stuhl, der hinter ihr stand. Sawyer hatte ihr den Wind aus den Segeln genommen.

„Ich denke, du solltest gehen", sagte sie leise und hoffte, dass sie es nicht bereuen würde.

Kapitel 36

„Mr Darling empfängt Sie jetzt."

Chelsea folgte der üppigen Brünetten durch Dennis Darlings piekfeine, elegante Büroräume in Alamo Heights. Das rhythmische Klopfen der 15 Zentimeter hohen Absätze, die die junge Frau trug, erschien Chelsea plötzlich wie eine Verhöhnung ihres eigenen Outfits. Eigentlich hatte sie gehofft, dass ihr Anzug aus luftigem Leinen und die Sneakers dazu ihr den Anschein von Lässigkeit und Selbstvertrauen verleihen würden. Doch in diesen ultramodernen Räumlichkeiten fühlte sie sich plötzlich völlig fehl am Platz. Dass sie noch dazu eine große selbst gemachte Schichttorte in den Händen trug, machte die Sache auch nicht gerade besser.

„Was kann ich heute für Sie tun, Chelsea?", fragte der George Clooney von San Antonios Immobilienwelt.

„Ich hoffe, Sie mögen Schokolade-Himbeer-Schichttorte!" Chelsea stellte ihre dekadente Tortenkreation auf Mr Darlings Schreibtisch.

„Danke." Doch das Darling-Lächeln blieb verschwunden.

„Ich würde gerne unser Gespräch von letzter Woche fortsetzen", tastete Chelsea sich vor.

„Britney, lass uns doch bitte für einen Moment allein", sagte Dennis zu seiner Sekretärin, die daraufhin die Tür schloss und an ihren Schreibtisch zurückklapperte.

Dennis drehte sich in seinem Bürosessel so, dass er Chelsea ins Gesicht sehen konnte. „Wie läuft es denn gerade im *Higher Grounds Café* – jetzt, wo der Gott-Blog nicht mehr da ist?"

„Nun …" Das war wirklich eine gute Frage.

Es war nicht daran zu rütteln, dass ihr Umsatz in den vergangenen sechs Tagen seit Verschwinden des Gott-Blogs zurückgegangen war. In den ersten drei Monaten war es Chelsea gelungen, ihre monatliche Steuerrate von 9.555,64 Dollar ohne allzu große Schwierigkeiten zu begleichen. Doch durch den Zulauf an Kunden hatte sie auch neue Investitionen tätigen müssen: neue Backöfen, die Renovierung des Salons, zwei Angestellte. Und natürlich mussten auch die Kinder und sie von etwas leben. Chelsea hatte ihre April-Rate gerade noch zahlen können, jetzt aber nur noch ein paar Hundert Dollar übrig. Da noch fünf Ratenzahlungen auf sie lauerten, war Chelsea heilfroh, dass Hancock und Emily sich mit Erdnuss-Marmeladen-Sandwiches zufriedengaben. Dennoch wollte sie sich lieber früher als später ihrer Schuldenlast entledigen.

„Das Geschäft läuft ganz gut", fuhr Chelsea fort. „Ich habe aber nochmal über unser Gespräch nachgedacht und möchte Ihnen ein Angebot machen."

„Tatsächlich?"

„Wir könnten eine gleichberechtigte Partnerschaft anstreben. Ich verkaufe Ihnen 50 Prozent des Cafés für die Hälfte der Summe, die wir ursprünglich angedacht hatten. Ich würde mich natürlich weiterhin um das Tagesgeschäft kümmern."

„Welche Summe hatten wir ursprünglich angedacht?"

Chelsea öffnete und schloss nervös ihre Hände. Warum machte er es ihr so schwer? Wo waren seine Leichtigkeit und sein Charme geblieben?

„Also ..." Chelseas Mund wurde trocken, beinahe zu trocken zum Sprechen. „Wir hatten über eine Million Dollar gesprochen. Aber ich schlage nun die Hälfte vor."

„Das wären dann 500.000 Dollar?"

„Genau."

„Für 50 Prozent am Café?"

„So ist es."

„Und das, obwohl Ihr kleiner Wunder-Blog nicht mehr da ist?"

Chelsea war unangenehm berührt und rutschte auf ihrem

Sitz herum. „Nun ... ich hatte den Blog an sich nie wirklich unter Kontrolle."

„Hmm. Dann stammt *das hier* ‚an sich' nicht von Ihnen?" Dennis hatte sein Handy aus seinem sportlichen Blazer gezogen und ließ Chelsea einen Blick auf das Display werfen. Chelsea sah, dass er per SMS einen Screenshot eines Eintrages vom Gott-Blog erhalten hatte:

Antwort: *„Ich kenne alle deine Geheimnisse. Auch jenes, das du in deiner Brieftasche mit dir herumträgst. Wenn du bloß wüsstest, was ich dir schenken möchte und wer es ist, der hier mit dir redet – dann würdest du mich bitten und ich würde dir lebendiges Wasser geben. Ich kann dich reinigen, durch und durch. Ich liebe dich. Das habe ich immer getan. Und das werde ich immer tun. Gott.*

Chelsea erinnerte sich sofort an den Eintrag. „Das ... das stammt nicht von mir. Wie ich schon sagte, ich habe überhaupt nichts mit den Antworten auf dem Gott-Blog zu tun."

„Also war es *Gott*?" Dennis' Stimme klang scharf, unangenehm und ganz und gar nicht charmant.

„Ich kann Ihnen nicht sagen, ob es wirklich –"

„Soll ich Ihnen tatsächlich abnehmen, dass die Frau, mit der ich mich treffe – die rein zufällig eine Freundin von Ihnen ist – dem Blog in Ihrem Café eine Frage stellt und eine sehr persönliche Antwort von einem allwissenden Gott bekommt? Warum sollte er – oder soll ich besser *sie* sagen – unser nettes kleines Arrangement torpedieren, das doch von uns beiden gewollt war? Aus Eifersucht vielleicht?"

„Es tut mir leid, aber ich wusste doch gar nichts –"

„Vom Hotelzimmerschlüssel in Debs Brieftasche?"

„Was? Nein!" Chelsea wedelte mit den Händen, als wollte sie Dennis' Anschuldigungen, die er wie Gewehrkugeln auf sie feuerte, abwehren. Doch dann kam ihr ein Gedanke, der leider viel zu viel Sinn ergab, als dass sie ihn hätte ignorieren können. Sie sprang auf und zeigte anklagend auf Dennis. „Sie! Ich habe Ihnen doch erzählt, wo der Router steht. Wer sagt mir denn, dass nicht *Sie selbst* den Router gestohlen haben? Zumal das Starbucks ja kräftig von meinem Unglück profitiert. Und da sind Sie doch Teilhaber, nicht wahr?"

„Wissen Sie eigentlich, wie absurd Ihre Anschuldigungen sind? Wissen Sie was, unseren Deal können Sie vergessen. Ich bin an Ihrem Café nicht mehr interessiert. Nicht an den 50 Prozent und nicht an dem nächsten raffinierten Blog, den Sie sich sicher ausdenken werden, um Ihr Café ins Gespräch zu bringen." Dennis wandte sich von ihr ab und drehte sich zu seinem Laptop um. „Im Übrigen reagiere ich auf Himbeeren allergisch."

Chelsea schnappte sich die Torte und verließ das Büro von Dennis Darling. Ihre Gedanken überschlugen sich, während sie die Informationen wie Puzzleteile zusammensetzte. Deb Kingsley, der Inbegriff der gut situierten, auf Etikette bedachten Hausfrau aus Alamo Heights, und … Dennis Darling? Und sie war auf dieses verlogene Grinsen von Dennis hereingefallen!

Zumindest hatte der oder das Unbekannte am anderen Ende des Gott-Blogs Deb in die richtige Richtung gelenkt.

Während Chelsea mit der einen Hand nach ihrem Autoschlüssel suchte und in der anderen Hand ihre leckere Schokolade-Himbeer-Torte balancierte, versuchte sie, ihre Tränen zurückzuhalten. Einmal mehr hatte sie eine herbe Enttäuschung einzustecken. Es würde keine Partnerschaft geben. Keine 50 Prozent. Keine Erleichterung ihrer Steuerlast. Keine gute Fee, die ihre Wünsche erfüllte. Chelsea war erneut auf sich allein gestellt.

Doch immerhin entdeckte sie einen Silberstreif am Horizont – und das ausgerechnet in ihrem Rückspiegel! Während sie ihr Auto aus der Parklücke steuerte, warf sie genüsslich einen letzten Blick auf ihre köstliche Himbeertorte, die über die gesamte Windschutzscheibe von Mr Darlings glänzendem BMW verteilt war.

Kapitel 37

Der Innenhof des Konventes der Schwestern der göttlichen *Vorhersehung* war für Manny zu einem Rückzugsort geworden, besonders während des Abendgebetes. Der engelgleiche Chor der Schwestern kam Manny irgendwie vertraut vor. Wenn ihre heiligen Gesänge harmonisch durch die Nachtluft schwebten, fühlte er sich dem Himmel nahe. Und – weiß der Himmel – er vermisste sein himmlisches Zuhause wirklich sehr! Seit Wochen schon hatte er nichts mehr von Gabriel gehört oder gesehen. Diesen Verlust der Kommunikation konnte Manny nur schwer wegstecken. Und das *Higher Grounds Café* natürlich erst recht.

* * *

Das Gras fühlte sich weich und einladend unter seinen Knien an, als er sich für die Lieder der Anbetung öffnete und die Sorgen des Tages von sich abwaschen lassen wollte. Doch sein auf Hochtouren laufender Verstand kam trotz der beruhigenden Choräle nicht zur Ruhe. Die lärmenden Gedanken verursachten einen Missklang, den nur Manny hören konnte. Er fühlte sich wie der Dirigent eines wild gewordenen Orchesters.

Komm zur Ruhe! Manny zwang seinen Verstand, für einen Moment zu rasten, bevor er seine Gedanken wieder aufnahm und in rhythmischere, melodischere Bahnen lenkte.

Wie hatte er nur zulassen können, dass der Gott-Blog gestohlen wurde? Warum war er nicht gewarnt worden? Hatte er etwa versagt und Chelsea im Stich gelassen oder – was noch schlimmer wäre – Gott? War das Schweigen des Himmels seine Strafe?

Im Stakkato-Rhythmus tropften Schweißperlen von seiner sorgenvollen Stirn. Sein Herz hämmerte wie ein Basslauf. Niemals zuvor hatte er sich so menschlich, so schwach gefühlt. Er wusste, dass der Himmel letztlich den Sieg davontragen würde, aber das bedeutete nicht, dass auf der Erde schon jeder Kampf gewonnen wurde.

Der Geist ist willig, aber das Fleisch ist schwach.

Plötzlich drangen diese Worte zu Manny durch, laut und klar, wie ein beruhigender Refrain, vom Meister selbst komponiert.
Manny erinnerte sich noch gut an das großartige Oratorium, das er zum ersten Mal in einem Garten namens Gethsemane gehört hatte. Er tröstete sich damit, dass er in seiner Verzweiflung nicht allein war. Der Himmel hatte IHN damals auch nicht verlassen. Also würde er auch Manny beistehen.

Nicht mein, sondern dein Wille geschehe.

Dieser Satz brachte eine ganz neue Saite in Manny zum Klingen. Mit Entschlossenheit wiederholte er die uralten Worte:
„Nicht mein, sondern dein Wille geschehe."

Kapitel 38

Chelsea schnappte nach Luft, als sie das Preisschild an den neuen Turnschuhen sah, die Hancock sich ausgesucht hatte. „Lass uns doch noch mal in einen anderen Laden gehen, okay?"

„Von mir aus." Hancock zuckte nur mit den Schultern.

Chelsea führte ihren schmollenden Sohn durch den Innenhof des großen Einkaufszentrums, wo gerade eine mexikanische Combo mit wagenradgroßen Strohhüten ein fröhliches, temperamentvolles Lied spielte. Chelsea hatte eigentlich gehofft, dass eine Mutter-Sohn-Shopping-Tour eine willkommene Abwechslung vom stressigen Alltag im Café und von der angespannten familiären Situation darstellen würde. Stattdessen wurden sie während der Einkaufstour nur schmerzlich daran erinnert, dass sich ihr Leben drastisch verändert hatte. Das letzte Mal, als sie mit Hancock einkaufen gewesen war, hatten sie die Mall über und über mit Schuhkartons beladen verlassen. Damals hatte sie noch nicht einmal einen Blick auf die Preisschilder geworfen. Doch nun konnte sie es sich kaum leisten, Hancock ein neues Paar „Air Jordans" zu kaufen, obwohl sich die alten Turnschuhe schon an den Nähten auflösten. Chelsea fühlte sich an ihre Teenagerzeit erinnert, als ihre Mutter ihr keine echten „Doc Martens" hatte kaufen können und Chelsea sich stattdessen mit einer billigen Kopie hatte begnügen müssen. Am nächsten Tag hatte sie sich in der Schule dann genauso minderwertig gefühlt wie ihre Kunstleder-Boots. Aber sie hatte es überlebt und auch Hancock würde es überstehen. Das hatte sie sich in den letzten Tagen immer wieder eingeredet, während sie sich innerlich dafür gewappnet hatte, ihrem Sohn von der bevorstehenden Scheidung zu erzählen.

„Also, Hancock ...", fing Chelsea vorsichtig an. „Ich möchte mit dir über etwas sprechen, das deinen Dad und mich ..."

„Ja, ich weiß. Aber ich möchte gerade nicht darüber sprechen, Mom."

„Okay ..."

„Aber wenn ihr euch scheiden lasst, will ich bei Dad bleiben." Hancock lief voraus, um die Reaktion seiner Mutter nicht miterleben zu müssen.

Chelsea blieb stehen, um ihrem Sohn etwas Raum zu geben und um sich selbst zu beruhigen. Sie musste sich zusammenreißen, zumindest, bis sie zu Hause waren. Ihr war klar gewesen, dass ihre Familie neue Regeln brauchte. Allerdings war ihr nie in den Sinn gekommen, dass sie nicht die Einzige sein würde, die die Regeln aufstellte.

Als Chelsea endlich bei Hancock angekommen war, hatte sie sich wieder unter Kontrolle. „Was hältst du denn von diesen?", fragte sie und deutete auf ein Paar einfarbige „Vans"-Slipper.

„Hmm ... ganz okay", murmelte Hancock in dem Versuch, höflich zu sein. „Aber die da gefallen mir besser."

Chelsea zog erstaunt die Augenbrauen hoch, als sie sah, auf welche Schuhe Hancocks Wahl gefallen war: geschnürte hohe Skaterschuhe mit Graffiti in Neonfarben. Aber zumindest stimmte der Preis. „Super. Die nehmen wir!"

Hancock sah verstohlen auf das Preisschild. „Können wir trotzdem noch was essen gehen?"

„Wie wär's mit Burgern und Milkshakes, bevor wir nach Hause fahren?"

„Wirklich?" Hancock schien zufrieden zu sein.

Skaterschuhe mit Graffiti und Fast Food. Chelsea hatte für sich selbst soeben eine neue Regel aufgestellt: Überleg dir gut, welche Kämpfe du austragen willst und welche *nicht*.

Kapitel 39

Chelsea setzte sich möglichst leise in die hinterste Kirchenbank neben Emily und Hancock. Die Gottesdienstbesucher waren gerade aufgestanden und applaudierten, aber sie hatte nicht mitbekommen, warum. Jetzt, wo der Gott-Blog nicht mehr da war, musste Chelsea jede Gelegenheit ergreifen, sich etwas dazuzuverdienen. Deswegen war sie jeden Sonntag bereits eine Stunde vor Beginn des Gottesdienstes in der Kirche, um ihren Kaffeestand für redselige Gemeindemitglieder zu öffnen. Bis die letzten sich dann endlich in den Gottesdienstraum begaben, war Tony oft schon mitten in seiner Predigt.

„Was habe ich verpasst?", flüsterte Chelsea Hancock zu.

„Da ist sie ja!" Eine vertraute Stimme donnerte durch die Kirche, laut genug, dass man sie auch in der hintersten Ecke gut ohne Mikrofon verstehen konnte. „Ich verdanke es dieser Frau und den wundervollen Dingen, die Gott in ihrem Café und im Leben meiner Nichte getan hat, dass ich heute Morgen zur Kirche *laufen* konnte. Für mich ist sie eine wahre Heilige."

Die Gemeinde applaudierte erneut. Chelsea saß wie vor den Kopf geschlagen da. Natürlich hatte sie davon gehört, dass Katrinas gelähmter Onkel in ihrem Café angeblich aus dem Rollstuhl aufgestanden und gelaufen war. Doch sie hatte es als Gerücht verbucht – eines von vielen Gerüchten, die sich um den Gott-Blog gerankt hatten: Von der Zusammenführung lange verschollener Geschwister, der Entdeckung verloren geglaubter wertvoller Erbstücke und vieler anderer sogenannter „Wunder" war in ihrem Café die Rede gewesen.

Doch jetzt sah Chelsea mit offenem Mund zu, wie Frank die Stufen vom Altarraum herabstieg und durch den Mittelgang ging, an seiner Nichte Katrina vorbei.

Ich habe sie hier noch nie zuvor gesehen.

„Chelsea Chambers, Gott hat dir ein großes Geschenk gemacht." Frank stand nun direkt neben Chelseas Bankreihe. Am liebsten wäre sie unsichtbar geworden.

„Durch den Gott-Blog ist dein Café zu einem Ort geworden, an dem die Menschen Gott begegnen können, so wie sie sind. Mitten in ihrem Alltag. Das würde ich mir auch für unsere Gemeinde wünschen", sagte Frank mit großer Ernsthaftigkeit und wieder applaudierten alle. Chelsea sah zu Tony hinüber, der der Einzige zu sein schien, der nicht mitklatschte.

„Wie viele von euch wissen", fuhr Frank fort, „ist der Gott-Blog gestohlen worden. Es war überall in unseren Lokalnachrichten, aber inzwischen ist eine Woche vergangen und nichts ist passiert. Deshalb biete ich demjenigen, der den Router findet und Chelsea wiederbringt, 2000 Dollar Finderlohn. Und ich möchte euch bitten, euch zu beteiligen, damit wir die Summe noch etwas aufstocken können. Ist das für dich in Ordnung, Chelsea? Und natürlich auch für unseren Pastor?"

Die Gemeindeglieder erhoben sich und zeigten Chelsea dadurch ihre Unterstützung. Chelsea war überwältigt. Frank lächelte ihr zu, bevor er sich ein letztes Mal an die Gemeinde wandte. „Alle, die mir helfen möchten, treffen sich nach dem Gottesdienst am Kaffeestand. Gemeinsam können wir unser Viertel für Gott erreichen!"

Franks Rede war für die Gemeinde wie eine Koffeinspritze. Nach dem Gottesdienst standen die Gemeindeglieder so aufgeregt schwatzend um Frank herum, als hätten sie alle einen dreifachen Espresso getrunken. Es schien kein einziges Mitglied der *Faith Community Church* zu geben, das nicht danach dürstete, an Franks Aktion teilzunehmen. Währenddessen waren Chelsea und Katrina nur zu gerne bereit, den Kaffeedurst der älteren Herrschaften zu stillen. Der Behälter mit dem Trinkgeld war bereits am Überquellen und Chelsea nahm sich fest vor, Tony und Sara dafür zu danken, dass sie ihr Café mit dieser Aktion unterstützten. Gerade als sie diesen Entschluss gefasst hatte, bemerkte sie die beiden, wie sie schnell näher kamen. Tony nahm Chelsea zur Seite.

„Das ist nicht richtig, Chelsea", sagte Tony aufgeregt. „Wir sind gerade dabei, unseren Jugendraum neu zu gestalten, und unsere Gemeindeglieder verschwenden ihre Spenden für einen *Marketing-Trick*?"

Chelsea war über Tonys Reaktion bestürzt. Sie blickte hilfesuchend zu Sara, die sich als Vermittlerin versuchte.

„Ich glaube, was Tony meint, ist, dass wir immer noch nicht viel über diesen mysteriösen Gott-Blog wissen und ihn deshalb als Gemeinde auch nicht vorbehaltlos unterstützen können."

„Das alles hier …", Tony deutete auf die Schlange von Leuten, die von Katrina an der Kaffeebar bedient wurde. „Das lenkt doch nur von dem ab, was wirklich wichtig ist."

„Heißt das, ihr wollt, dass ich den Kaffeeverkauf hier einstelle?", fragte Chelsea. Tony und Sara schwiegen und das war für Chelsea Antwort genug. „Ich verstehe", murmelte sie und hielt mit aller Macht ein paar Ausdrücke zurück, die in Kirchenräumen nichts zu suchen hatten.

Gerade in dem Moment, in dem sie ihre Selbstbeherrschung doch noch zu verlieren drohte, sagte Sara betroffen: „Hallo Marcus! Geht es dir gut?"

Chelsea drehte sich um und sah ihren jüngsten Stammkunden vor sich. Seine Schultern waren unter dem Gewicht seines blauen Rucksacks gebeugt und sein Gesicht voller Tränen.

„Mrs Chelsea, es tut mir so …" Marcus konnte kaum sprechen. Sein hagerer Körper wurde von Schluchzern erschüttert. „Ich habe … hier, bitte!" Der Junge wischte sich mit dem Ärmel über das Gesicht, nahm seinen Rucksack ab und gab ihn Chelsea. Als sie den Reißverschluss öffnete, entdeckte sie den verschollenen Router inmitten von dreckiger Kleidung und Comicheften. Er leuchtete zwar nicht mehr, schien aber ansonsten intakt zu sein.

„Marcus …"

„Es tut mir leid, Mrs Chelsea. Es tut mir so leid."

„Warum hast du das getan?" Chelsea legte sanft die Hand auf Marcus' Schulter. Sie mochte den Jungen wirklich sehr – auch wenn er den Router entwendet hatte.

„Es ist wegen meiner Mutter. Sie ist krank. Sehr, sehr krank. Und ich dachte, dass sie vielleicht …" Er warf einen Blick auf Frank, der gerade zusammen mit einem anderen Gemeindemitglied betete. „Sie wollte dem Gott-Blog so gerne eine Frage stellen. Aber er hat im Krankenhaus nicht funktioniert." Erneut stiegen Marcus Tränen in die Augen. „Ich wollte all den anderen Leuten doch nicht wehtun, ehrlich!"

„Na, komm mal her." Chelsea war tief ergriffen und umarmte Marcus tröstend. „Manchmal tun wir etwas Falsches, um jemandem zu helfen, den wir sehr lieb haben. Das ist uns allen schon so gegangen." Chelsea sah zu Tony, der den Blick abwandte. „Aber nun hast du das Richtige getan, Marcus. Und das ist es, was letztlich zählt."

Marcus nickte.

„Wo ist denn deine Mutter jetzt?", fragte Sara. „Es ist schon lange her, dass ich sie im Gottesdienst gesehen habe. Wir haben sie vermisst."

„Sie liegt im Santa-Rosa-Krankenhaus. Ich fahre gleich mit dem Bus hin."

„Du kannst mit mir fahren. Ich begleite dich", warf Chelsea zur Überraschung aller ein.

„Wirklich?" Marcus konnte es nicht glauben.

„Ich habe dem Gott-Blog noch immer keine Frage gestellt. Deine Mutter kann *meine* Frage haben."

Mit einem Mal erhellte sich das Gesicht von Marcus um hundert Watt, was die Gesichter von Tony und Sara umso düsterer und grimmiger erscheinen ließ. Marcus hüpfte förmlich zum Ausgang, so begeistert war er.

„Manny, kannst du den Router mit zurück ins Café nehmen?", fragte Chelsea.

„Das ist doch alles absurd!", zischte Tony mit wütender Stimme.

„Ich werde einfach stellvertretend für Marcus' Mutter die Frage stellen."

„Chelsea …", warf Sara ein, so als rede sie mit einem begriffsstutzigen Kind.

„Was?", konterte Chelsea mit scharfer Stimme. „Sollten wir nicht alles tun, um dieser Familie zu helfen?!"

Kapitel 40

„Funktioniert er schon?" Chelsea wartete am Telefon, während Manny im Café dabei war, den Router wieder zu installieren. „Ja? Gott sei Dank! Sag es bitte allen weiter, ja? Oder besser noch: Häng ein Schild an die Tür. Ich bin noch im Krankenhaus, aber sicher bald wieder zurück."

Chelsea folgte Marcus den Flur entlang zu einer ganzen Reihe steriler Krankenhausfahrstühle. Zu ihrem Erstaunen warteten dort schon Sara und Tony auf sie. Sie hatten also die Herausforderung angenommen und waren bereit, alles in ihrer Macht Stehende zu tun, um Marcus und seiner Familie zu helfen.

„Der Gott-Blog funktioniert wieder", sagte Chelsea und versuchte, freundlich zu klingen. Sie konnte sehen, wie Tony sich förmlich auf die Zunge biss.

„Meine Mutter ist im zehnten Stock", bemerkte Marcus.

Zehnter Stock. Intensivstation. Chelsea hatte den Krankenhausplan am Eingang gesehen.

Die Fahrt mit dem Aufzug schien endlos zu sein und verlief schweigend.

Marcus ließ Chelsea, Tony und Sara im Wartebereich zurück, sodass er seine Mutter auf die Besucher vorbereiten konnte.

„Ich bin immer noch davon überzeugt, dass das keine gute Idee ist", sagte Tony. „Binsenweisheiten machen sich im Krankenhaus nicht besonders. Das kann ich dir als jemand, der schon viele Krankenbesuche gemacht hat, versichern."

Bevor Chelsea darauf antworten konnte, kam Marcus zurück.

„Ihr könnt reinkommen, aber es geht ihr heute nicht so besonders."

Die drei folgten Marcus in das Krankenzimmer, in dem Desiree Johnson lag. Ihr abgemagerter Körper war vom Krebs zerstört. Ihre nun tief liegenden, honigfarbenen Augen, die sicherlich einst gestrahlt hatten, schafften es jetzt immerhin noch, beim Anblick ihres Sohnes schwach aufzuleuchten. Chelsea griff haltsuchend nach der Hand ihrer Schwester, weil ihr der Anblick von Marcus' kranker Mutter so zusetzte.

„Mom, das hier ist Chelsea, die Frau mit der Website."

„Hi Desiree", brachte Chelsea heraus. „Ich habe gehört, dass Sie dem Gott-Blog gerne eine Frage stellen wollen." Sie zuckte innerlich zusammen, denn ihre Worte hörten sich angesichts dieser verzweifelten Umstände irgendwie hohl an.

Desiree nickte dankbar und wandte sich dann ihrem Sohn zu. „Gehst du mal kurz nach draußen, mein Schatz?"

Sobald Marcus in den Wartebereich gegangen war, lud Desiree ihre Besucher mit einer Handbewegung dazu ein, sich auf die Bank zu setzen, die unter dem einzigen Fenster im Raum stand.

„Ich danke Ihnen allen für Ihr Kommen. Besonders Ihnen, Pastor Tony", sagte Desiree.

Tony strich sich verlegen über sein zitterndes Kinn. „Desiree ... wir wussten ja gar nicht ..." Er sah hilfesuchend zu Sara, die Tränen in den Augen hatte. „Es tut mir so leid."

„Sie müssen sich nicht entschuldigen. Ich bin froh, dass Sie hier sind. Und ich freue mich, *Sie* kennenzulernen", fuhr sie mit einem Blick auf Chelsea fort. „Sie sind sehr gut zu Marcus gewesen. Danke!"

Chelsea lächelte schwach.

„Ich habe nur eine einzige Frage an Gott, bevor ich sterbe. Alles andere kann warten, bis es im Himmel beantwortet wird."

„Um welche Frage handelt es sich denn?" Chelseas Stimme zitterte.

Tränen rannen langsam Desirees Wangen hinunter. „Die einzige Familie, die ich außer meinem Jungen noch habe, ist meine Mutter. Aber sie ist schon alt und wird nicht mehr lange leben, deshalb möchte ich wissen ... wer wird sich um meinen Marcus kümmern, wenn ich nicht mehr da bin?"

* * *

Chelsea nahm einen Umweg nach Hause, um nachzudenken. Sie war so von den Schwierigkeiten in ihrer eigenen Familie eingenommen gewesen, dass sie keinen Blick mehr für die Welt um sich herum gehabt hatte. Doch der Anblick von Marcus, wie er verzweifelt die Hand seiner sterbenden Mutter umklammerte, war ihr ans Herz gegangen und hatte ihre Taubheit und Isolation durchbrochen. Angesichts seiner traurigen Lage erschienen ihr plötzlich die geschenkten Cupcakes und Becher mit Kakao wie ein Tropfen auf den heißen Stein. Chelsea hatte sich so hilflos gefühlt, als sie die Verzweiflung in Desirees Augen und die kindliche Hoffnung in Marcus' Blick gesehen hatte. Und Desirees Frage hatte sich für immer in ihr Gedächtnis gegraben: *Wer wird sich um meinen Marcus kümmern, wenn ich nicht mehr da bin?*

Chelsea sehnte sich danach, ihre Kinder in den Arm zu nehmen und ihnen zu sagen, wie sehr sie sie liebte. Für einen kurzen Moment überlegte sie sogar, Sawyer anzurufen. Doch sie fuhr weiter, tief in ihre Gedanken versunken. Ihr Geländewagen bahnte sich seinen Weg durch die heruntergekommenen Straßen des Lavaca-Viertels, in dem Marcus lebte. Sie erreichte den King William District, ihr eigenes Stadtviertel, und fuhr weiter durch die schmucken Einkaufsstraßen von Alamo Heights. Eigentlich hatte sie vorgehabt, noch eine Weile durch die Gegend zu fahren, doch dann erblickte sie auf der Terrasse des Starbucks-Cafés etwas, das sie aus der Fassung brachte.

Sawyer. Er saß einer rothaarigen Schönheit gegenüber und trug das gut sitzende blaue Oxford-Hemd, das ihm so ausgezeichnet stand. Und die Frau, nun ja, sie sah ebenfalls sehr gut aus und schien sich dessen auch bewusst zu sein.

Chelsea trat auf die Bremse und starrte die beiden an. Hektisch überlegte sie, was sie nun tun sollte. Sie könnte Sawyer sofort anrufen und ihn zur Rede stellen. Sie könnte auch das Fenster herunterlassen und zu ihm hinüberschreien. Oder sie könnte ein Foto von den beiden machen und es während der Scheidungsverhandlung zu ihrem Vorteil nutzen.

Doch alle Pläne wurden von einem Hupkonzert durchkreuzt, das die Autos anstimmten, die hinter Chelsea warteten. Also fuhr sie weiter und entschied sich schließlich für die zivilisierteste Form einer adäquaten Antwort auf das, was sie gerade gesehen hatte. Sie fischte ihr Handy aus der Handtasche und schrieb Sawyer an der nächsten roten Ampel ein paar kurze, klare Worte.

Die Scheidungspapiere treffen morgen bei dir ein.

Als Chelsea schließlich am *Higher Grounds* angekommen war, vibrierte ihr Handy. Sawyer hatte geantwortet.

Ich bin noch immer nicht bereit zu unterschreiben. Bin fest entschlossen, dir zu beweisen, dass ich vertrauenswürdig bin.

Chelsea knirschte frustriert mit den Zähnen. Damit, was Sawyer alles *nicht* über Vertrauenswürdigkeit wusste, ließen sich ganze Bücherregale füllen. Sie musste es wissen, schließlich war sie selbst ein wandelndes Lexikon.

Kapitel 41

„Entschuldigen Sie bitte, Ma'am. Ja, Sie! Arbeiten Sie hier?"

Chelsea traute ihren Augen kaum. Die rothaarige Hexe, die Sawyer am Tag zuvor im Starbucks-Café in ihren Bann gezogen hatte, saß nun hier im *Higher Grounds*. Und sie nannte sie „Ma'am".

„Es heißt *Miss*. Und ich arbeite hier nicht nur, sondern ich bin die Eigentümerin des Cafés."

„Das trifft sich gut", antwortete die Frau und schob Chelsea ihren Becher hin. „Ich habe zwei Beschwerden. Zum einen: Ich habe die *Spezialität des Hauses* bestellt, aber leider schmeckt die, als hätte man lediglich eine Bohne hindurchgeschossen. Zum anderen: Ihr Internet funktioniert nicht."

Chelsea setzte ein falsches Lächeln auf. „Zum einen: Sie können sich gerne ein neues Getränk bestellen. Zum anderen: Unsere Internetverbindung funktioniert sehr gut. Sie ist sogar die Hauptattraktion unseres Cafés." Sie wandte sich zum Gehen.

„*Miss*? Ich hätte gerne einen fettreduzierten Latte mit Haselnussgeschmack. *Extra Large* oder wie auch immer Sie die größte Größe hier nennen. Aber bitte achten Sie darauf, dass er auch wirklich fettreduziert ist!"

„Einen großen Haselnuss-Latte. Fettreduziert."

„Und bitte zum Mitnehmen!"

„Dürfte ich auch Ihren Namen erfahren?"

„Ginger."

„Ich bringe Ihnen gleich Ihren Latte, Ginger", sagte Chelsea, drehte sich um und grinste hämisch.

„Willst du, dass ich den Latte mache?", fragte Katrina sie an der Theke.

„Nein, lass nur. Das übernehme ich", antwortete Chelsea und griff nach der 30-prozentigen Sahne.

Während sie den Kaffee für Ginger zubereitete, baute sich Wut in ihr auf, bis sie schließlich genauso unter Dampf stand wie ihre Kaffeemaschine. Sawyer hatte schon immer eine Schwäche für Rothaarige gehabt. Besonders für große, kurvenreiche mit einem deutlichen Hang zur Arroganz. Chelsea kochte innerlich. Sie gab noch einen Extraschuss eines süßen, kalorienreichen Sirups in den Latte und servierte ihn dann schadenfreudig der Giftspritze. Rache ist süß … zumindest hieß es das immer.

Ginger nahm einen Schluck. „Der ist gut!"

Es verschaffte Chelsea nicht die erhoffte Befriedigung, der Rothaarigen dabei zuzusehen, wie sie nichtsahnend all diese Kalorien in sich hineintrank. Chelseas Wut steigerte sich eher noch und sie war kurz davor, die Fassung zu verlieren. Bald würde sie den Siedepunkt erreicht haben. Sie wandte sich um.

Geh weg, Chelsea. Schnell.

„Kann ich noch einen Deckel bekommen?", flötete Ginger.

Ginger erhielt keinen Deckel, dafür aber eine Standpauke von Chelsea. In Sekundenbruchteilen entschied sie sich dafür, lieber mit Schuldgefühlen zu leben als mit Bedauern. Sie wirbelte wie eine Furie herum.

„Lady, ich habe keine Ahnung, was Sie hier abziehen. Wollen Sie mich provozieren? Das wird Ihnen nicht gelingen. Ich bin fertig mit Sawyer Chambers. Er gehört Ihnen. All diese Lügen, der Alkohol, die Betrügereien. Die langen Nächte, die Kündigungen, die leeren Versprechungen … und das nur in den vergangenen drei Jahren! Ich könnte Ihnen Dinge erzählen …"

„Hier liegt wohl ein Missverständnis vor." Entrüstet packte Ginger ihre Sachen zusammen. „Ich bin eine glücklich verheiratete Frau. Offensichtlich sind Sie es nicht. Am besten, Sie tragen das mit Sawyer selbst aus."

„Aber was haben Sie denn dann im Starbucks –"

„Fragen Sie Ihren Mann."

Ginger rauschte empört aus dem Café. Zurück blieb eine Chelsea, die unter einem Berg von Schuldgefühlen und Bedauern versank.

* * *

Spät am Abend erhielt Chelsea einen Anruf von Sara. Desiree war bereits am frühen Morgen verstorben. Chelsea war zutiefst bestürzt. Sie hatte sich noch nicht dazu durchringen können, dem Gott-Blog Desirees Frage zu stellen. Und nun war es zu spät. Zu spät für Desiree. Ihre Frage verfolgte Chelsea. Wer würde sich nun um Marcus kümmern?

Sie saß in sorgenvolle Gedanken versunken auf der Veranda, als ein schwarzer Geländewagen mit quietschenden Reifen in die Auffahrt bog. *Sawyer.* Er sprang aus dem Wagen und stürmte auf sie zu.

„Diese Frau hat ein Bewerbungsgespräch mit mir geführt, Chelsea!", rief er wütend.

„Woher hätte ich das wissen sollen?"

„Sie war drauf und dran, mich einzustellen. Aber das kann ich jetzt vergessen. Gerade habe ich den Anruf bekommen. Der Verein hat sein Angebot zurückgezogen, dank dieser dämlichen Nummer, die du abgezogen hast!"

„Hör mal, Sawyer, es tut mir leid. Ich hab dich gestern mit diesem rothaarigen Frauenwunder in engen Jeans gesehen. Und du hast dich so fein gemacht und dein typisches Sawyer-Lächeln aufgesetzt – was hätte ich denn anderes denken sollen? Bei *deiner* Vorgeschichte? Da ist ‚potenzielle Arbeitgeberin' bestimmt nicht das Erste, was mir in den Sinn kommt. Ehrlich gesagt ist es nicht einmal das Letzte. Und dann ist sie auch noch in *meinem Café* aufgetaucht. Da bin ich einfach ausgerastet!"

Sawyer starrte Chelsea an und schüttelte den Kopf. „Kann es nicht mal für fünf Minuten um jemand anderen gehen als um *dich*? Seit du mich verlassen hast, habe ich jeden Tag versucht,

Schritte in die richtige Richtung zu machen. Das ist mir nicht leichtgefallen. Aber ich habe dir versprochen, mich zu ändern. Bisher habe ich mein Versprechen gehalten, weil ich immer noch denke, dass wir eine gemeinsame Zukunft haben. Eine gute Zukunft. Aber wir können nicht zusammen weitergehen, wenn du mich immer wieder auf die Vergangenheit festnagelst."

„Aber es ist passiert! Du hast mich betrogen. Das ist Fakt. Für immer. Es ist nicht mein Fehler. Und ich sage noch nicht mal, dass es dein Fehler ist. Aber es ist nun mal so." Chelsea war während des Sprechens ruhiger geworden. Als sie geendet hatte, war sie innerlich ganz gelassen. Kalt.

„Du wirst mir nie vergeben, was ich getan habe, nicht wahr?" Sawyer wich einen Schritt von ihr zurück, als ihm diese Erkenntnis zum ersten Mal dämmerte.

Chelsea presste ihre Lippen aufeinander. „Ich glaube, ich wüsste gar nicht, wie."

Kapitel 42

So etwas hatte es in der *Faith Community Church* noch nie zuvor gegeben: Jede Kirchenbank war belegt. Es waren sogar noch zusätzliche Klappstühle aufgestellt worden und trotzdem mussten noch viele Leute stehen. Von ihrem Platz in der hintersten Ecke aus verfolgten Chelsea und ihre Kinder den Trauergottesdienst für Desiree Faith Johnson.

Während das Lieblingslied von Desiree gesungen wurde, musste Chelsea immer wieder zu Marcus hinüberschauen. Er stand neben Katrinas Onkel Frank, der großzügigerweise das Geld, das von ihm als Finderlohn für den Router ausgesetzt worden war, für Desirees Beerdigung gestiftet hatte. Unter Tränen sang Marcus dennoch lauthals mit: „Ich singe, weil ich glücklich bin. Ich singe, weil ich befreit bin. Gott sorgt selbst für die Spatzen, er kümmert sich auch um mich."

Tatsächlich hatte Gott durch das Leben von Marcus' Mutter für die „Spatzen" des Lavaca-Viertels gesorgt. Aus den Geschichten, die während der Trauerfeier über Desiree erzählt wurden, ergab sich für Chelsea das Bild eines großzügigen, barmherzigen Menschen.

„Niemand wollte mich aufnehmen. Aber dann traf ich Desiree …"

„Ich hatte schon seit drei Tagen nichts mehr gegessen, aber da hat Desiree …"

„Mein Ehemann war im Gefängnis und wir wussten nicht wohin, doch dann …"

Desiree schien der Wendepunkt in jeder dieser Lebensgeschichten gewesen zu sein. Eine liebevolle Umarmung, ein heilsames Wort, ein großzügiges Geschenk. Die bescheidene

Wohnung von Desiree hatte vielen, die bedürftig oder niedergeschlagen gewesen waren, einen Zufluchtsort geboten.

Chelsea wurde immer bewusster, wie viel sie von dieser Frau lernen konnte. Und so, wie es aussah, war sie da nicht die Einzige.

Tony stand hinter der Kanzel und sprach den Segen zum Abschluss des Gottesdienstes. „Selig sind, die da geistlich arm sind; denn ihrer ist das Himmelreich. Selig sind, die da Leid tragen..." Er sah von seinem Pult auf. Seine Augen füllten sich mit Tränen, während er seinen Blick über die Trauergemeinde schweifen ließ. Nun endlich war seine Kirche voll, zum Bersten voll. Chelsea vermutete, dass er die Kirchenbänke allerdings lieber zu einem glücklicheren Anlass gefüllt gesehen hätte.

Tony sah wieder auf seine Aufzeichnungen und setzte erneut an: „Selig sind, die da Leid tragen..." Doch auch dieses Mal brachte er den Satz nicht zu Ende. Irgendetwas stimmte nicht mit ihm. Sein tröstendes Lächeln und seine so gründlich eingeübte pastorale Art waren verschwunden. Obwohl er Desiree Faith Johnson kaum gekannt hatte, war er tief bewegt. Sein Kopf sank langsam nach vorne auf das Pult und er schluchzte so laut, dass der Gottesdienstraum davon widerhallte. Sara kam ihm zu Hilfe, legte ihre Hand auf seine Schulter und beendete für ihn den angefangenen Satz.

„Selig sind, die da Leid tragen, denn sie sollen getröstet werden."

* * *

Chelsea fuhr erschreckt zusammen, denn es klopfte im unteren Stockwerk laut und ungestüm an der Eingangstür des Cafés. Es war bereits zehn Uhr abends und das Café hatte schon lange geschlossen. Mit ihrem Handy in der Hand, nur für den Fall, dass sie die Polizei rufen musste, eilte sie die Treppe zum Café hinunter. Sie schaltete das Licht an und sah durch die Glastür hindurch, dass es Tony war, der da im strömenden Regen stand.

Sie eilte zur Tür, um sie zu öffnen. „Tony, was tust du hier?"

Er kam herein, mit derangierter Kleidung und triefnass, aber wieder viel gefasster als noch Stunden zuvor bei Desirees Beerdigung. „Es tut mir leid. Ich hätte dich anrufen sollen, aber ich habe irgendwann im Laufe des Tages mein Handy verlegt. Und als ich von zu Hause weggegangen bin, konnte ich nicht klar denken."

„Geht es Sara und den Kindern gut?"

„Ja, keine Sorge. Ich bin ganz allein um meinetwillen hier. Ich würde mir gerne den Gott-Blog anschauen."

„Aber natürlich. Kann ich dir etwas bringen, einen Kaffee vielleicht?"

„Das wäre nett."

Tony machte es sich an einem kleinen Teetisch in der Nähe der Kasse bequem, während Chelsea zwei Tassen mit koffeinhaltigem Trost zubereitete.

„Hör dir das an", sagte Tony, während er auf seinem Laptop einige Einträge durchsah.

Chelsea stellte die beiden Kaffeetassen und einige kleine Rosinenbrötchen auf den Tisch und setzte sich.

Frage: *Lieber Gott (wenn du es wirklich bist), ich hasse die Kirche. Ich hasse Religion und alles, was damit zu tun hat. Es scheint so offensichtlich zu sein, dass Religion mehr Probleme verursacht, als sie löst. Sie manipuliert die Menschen, indem sie ihnen Angst macht, und trennt sie voneinander. Die Kirche ist ein Ort, an dem die Leute vorgeben, etwas zu sein, das sie nicht sind. Wieso verteidigst du diese Scheinheiligkeit?*

Chelsea kicherte. „Wenn ich mich richtig erinnere, ist das von jemandem, der sich ‚Spencer' nennt."

„Hey, du bist gut!", sagte Tony.

Antwort: *Lieber Spencer, ich versuche erst gar nicht, Scheinheiligkeit zu verteidigen. Aber ich möchte dir gerne eine Frage stellen: Glaubst du wirklich, ich habe mit all dem angefangen? Denkst du nicht, dass ich schon lange genug habe von unechter Anbetung, religiösen Spielchen und Angstmacherei, wie du und deine Freunde es nennen? Denkst du, das ist mein Wille? Ganz bestimmt nicht. Außerdem, Spencer, habe ich bei dir selbst bisher wenig Barmherzigkeit festgestellt. Du brüstest dich damit, dass du echt und authentisch lebst, wie jeder in deinem Freundeskreis. Ihr macht aus Religionsfeindlichkeit eine neue Religion. Überlass mir doch einfach die Heuchler und Scheinheiligen. Und sieh vielleicht von Zeit zu Zeit mal nicht auf dich selbst oder die anderen, sondern richte dich auf mich aus. Ich glaube, du würdest erstaunt sein, was du dabei entdeckst. In Liebe, Gott."*

„Das ist keine schlechte Antwort, was?", fragte Chelsea.

„Nicht schlecht!", brummte Tony.

Chelsea überließ ihren Schwager sich selbst und machte sich daran, die gewölbten Glasscheiben ihrer Kuchentheke gründlich zu reinigen.

Nachdem Tony schon über eine Stunde im Blog gelesen hatte, bemerkte Chelsea, wie er seine tränenden Augen am ohnehin schon feuchten Ärmel seines Sweatshirts trocknete. Sie brachte ihm einige Servietten an den Tisch.

„Denkst du immer noch, dass *ich* all diese Antworten schreibe?", fragte sie.

„Nein, natürlich nicht. Ich denke, es könnte tatsächlich Gott sein. Oder auch nicht." Tony klappte seinen Laptop zu. Mit verschwollenen roten Augen blickte er Chelsea an. „Was mich am meisten bewegt, sind diese Fragen – all diese Hoffnungen, Ängste und Zweifel. Und diese große Bedürftigkeit und Not von Leuten, die in meinem Viertel wohnen ... ich hatte ja keine Ahnung. Und *ich* sammle Spendengelder für einen neuen Teppich in unserer Kirche!" Er hielt inne und wischte sich mit einer Serviette über die Augen. „Ich vermute, dass Desiree Johnson sich um einen neuen Farbanstrich oder renovierte Multimedia-Jugendräume wenig Gedanken gemacht hat."

„Sie ist gestorben, bevor ich dem Gott-Blog ihre Frage stellen konnte."

„Wer wird sich um meinen Marcus kümmern, wenn ich nicht mehr da bin?", zitierte Tony aus dem Gedächtnis. „Ich bin sehr froh, dass du nicht gefragt hast."

„Aber warum denn das?"

„Weil ich hoffe, dass ich die Antwort auf ihre Frage bin."

Kapitel 43

„Dennis hat mir gesagt, dass er mit dir gesprochen hat."

„Oh, ähm ... ja." Eigentlich hatte Chelsea nur schnell den Latte auf Debs Tisch stellen, ein paar Nettigkeiten austauschen und dann fliehen wollen. Aber nun war es klar. Deb war extra gekommen, um mit ihr zu reden. Also setzte sich Chelsea ihrer langjährigen Freundin gegenüber und tastete sich langsam vor. „Also seid ihr beide immer noch ..."

„Nein, ich habe es beendet", sagte Deb. „Aber er ruft immer wieder an und hinterlässt mir Nachrichten. Eine Weile habe ich sie mir noch angehört, doch jetzt habe ich meinem Mann versprochen, das nicht mehr zu tun. Deshalb habe ich inzwischen auch eine neue Nummer. Ich gebe sie dir gleich. Ich hoffe, das Thema ist dir nicht unangenehm", fügte Deb nüchtern hinzu. „Aber nach Monaten der Heimlichtuerei ist es befreiend, endlich ehrlich zu sein."

Chelsea nickte verständnisvoll. „Und dein Ehemann ... wie geht er denn damit um?"

„Ich habe einen guten Mann geheiratet. Bisher wusste ich gar nicht, *wie* gut er wirklich ist." Deb fischte die Serviette unter ihrer Tasse hervor und tupfte sich damit die Augen. „Natürlich ist es für ihn nicht einfach. Ich habe sein Herz gebrochen. Wir stecken mitten in einem schmerzvollen Prozess. Aber manchmal habe ich fast den Eindruck, dass es meinem Mann leichter fällt mir zu vergeben, als es mir selbst fällt."

Chelsea setzte sich neben Deb und legte den Arm um ihre alte Freundin.

„Tut mir leid." Deb versuchte, sich wieder zu fassen. „Es fällt mir schwer, seine Vergebung anzunehmen. Im tiefsten Inneren bin ich davon überzeugt, dass ich sie nicht verdiene. Aber er liebt mich immer noch. Und dafür liebe ich ihn umso mehr."

Deb blickte gedankenverloren zum Fenster hinaus. Eine Weile saßen die beiden Frauen schweigend da.

Chelseas Mitgefühl für Deb war groß und kam von Herzen. Doch natürlich war ihr auch bewusst, dass es zwischen Deb und Sawyer Parallelen gab. Was bewog Debs Ehemann dazu, ihr zu vergeben? Wie schaffte er es, die Vergangenheit ruhen zu lassen und die Beziehung zu seiner Frau fortzuführen? Mit einem Mal fragte sich Chelsea, ob vielleicht mit *ihr* etwas nicht stimmte. Natürlich wusste sie, dass sie eine Tendenz dazu hatte, anderen ihre Verfehlungen nachzutragen. Aber steckte vielleicht noch mehr dahinter? Hatte sie womöglich eine Art genetische Veranlagung dazu? Im Licht ihrer Familiengeschichte würde das Sinn machen. Auf der Seite ihres Vaters gab es durch die Generationen hinweg eine lange Geschichte von Zerbruch und Leid. Vielleicht lag es einfach in ihrer Natur? Vielleicht fehlte ihr das „Vergebungs-Gen"?

„Chelsea?" Debs Stimme riss sie aus ihren Gedanken. „Ist das da nicht dein Vater?"

Chelsea sprang auf, lief zur Eingangstür und presste wie ein kleines Mädchen ihr Gesicht an das Glas. Tatsächlich! Ihr Vater kam langsam auf das Café zugeschlurft. Er trug eine Tweed-Hose, ein dünnes blaues Oxford-Hemd und dunkelblaue Slipper. Je näher er dem Café kam, desto aufgeregter schien er zu werden. Seine Stimme hallte die Straße entlang.

„Virginia!", schrie er. „Virginia!" Aufgebracht rief er nach seiner verstorbenen Exfrau, während er über den Rasen im Vorgarten lief.

Chelsea klopfte instinktiv an die Scheibe. Sie hoffte, ihn dadurch aufzurütteln und zu stoppen. Doch das schien seine Entschlossenheit nur zu verstärken.

Hastig ging sie nach draußen, um zu verhindern, dass die Situation aus dem Ruder lief. Es funktionierte tatsächlich, doch anders, als sie es sich vorgestellt hatte.

„Virginia", flüsterte ihr Vater erleichtert. Er hielt sich mit einer Hand am Geländer fest, das zur Veranda führte, und atmete schwer. Seine Schultern waren gebeugt und sein Brustkorb hob und senkte sich schnell. „Wo sind die Mädchen? Als ich nach Hause kam, waren sie nicht da. Und das Auto fehlte."

Fassungslos starrte Chelsea ihren Vater an. Er war verloren, wusste nicht, wo er war. Nein, eigentlich war er eher gefangen. Gefangen in einem bestimmten Zeitabschnitt.

„Antworte mir, Virginia! Geht es den Mädchen gut?"

„Mami?" Emily kam gerade von der Schule nach Hause. Einige Meter hinter ihr war auch Hancock zu sehen.

„Chelsea!", rief der alte Mann, als er Emily erblickte. „Es tut mir so leid, Chelsea! Ich hätte dich nicht alleinlassen sollen. Daddy hat dich lieb, das weißt du doch, oder? Ich werde dich immer lieb haben." Er kniete sich vor Emily hin und küsste sie auf die Stirn. Seine Zuneigung für das Kind, wenn auch irregeleitet, war selbst für Chelsea unübersehbar.

Emily sah zu ihrer Mutter auf. Ihre Augen blickten fragend und auch ein wenig ängstlich. Kein Wunder, dass Chelseas Vater das kleine Mädchen für seine eigene Tochter hielt.

„Komm, Charlie", sagte Chelsea und half ihrem Vater aufzustehen.

„Mom, ist das dein Vater?", fragte Hancock.

Chelsea nickte. Hancock wusste sehr wenig über seinen Großvater, doch er ahnte: Es war kein Zufall, dass er ihn noch nie zu Gesicht bekommen hatte.

„Lass uns reingehen", flüsterte er seiner Schwester zu und führte sie an der Hand ins Haus.

„Und wie geht es Sara? Ist alles in Ordnung mit ihr?", fragte Charlie.

„Es geht ihr gut."

„Es tut mir so leid, Virginia. Ich hoffe, du kannst mir vergeben!", sagte er flehend und trat näher.

Chelseas erster Impuls war es, wieder Abstand zwischen sich

und ihren Vater zu bringen. Einfach in ihr Café zu gehen und den Mann draußen stehen zu lassen, der sie und ihre Schwester vor so vielen Jahren verlassen hatte. Doch etwas hielt sie davon ab. Mitleid.

Ein starker Windstoß fuhr durch die Pekannussbäume vor dem Café und ließ das Windspiel erklingen, das Katrina über der Veranda aufgehängt hatte.

Chelsea und ihr Vater sahen zu den Ästen hinauf, die vor dem Hintergrund des stahlgrauen Himmels heftig hin- und herschwangen.

Dann blickte Chelsea wieder zu ihrem Vater, der im kalten Wind zitterte, den Blicken der neugierigen Passanten ausgesetzt, die durch sein Schreien auf ihn aufmerksam geworden waren.

„Komm, Charlie", sagte sie und legte ihre Hand auf seine Schulter. „Lass uns hineingehen."

Kapitel 44

„Schau sie dir an – meine Mädchen! So hübsch!" Charlie strahlte, als er das Foto betrachtete, das Chelsea und Sara als Kinder in pastellfarbenen Rüschenkleidchen zeigte. „Das war am Ostersonntag vor drei Jahren."

Chelsea und ihr Vater saßen auf dem Sofa im Salon und sahen sich gemeinsam ein altes Fotoalbum an. Erstaunt betrachtete Chelsea das Foto. Das Gedächtnis ihres Vaters funktionierte noch ausgezeichnet – seine Zeitrechnung war lediglich im Jahr 1980 stehen geblieben.

„Das war ein wundervoller Tag ... einer unserer besten!", bemerkte Charlie nachdenklich, in der Erinnerung schwelgend.

Chelsea hatte versucht, ihren Vater über seinen Irrtum aufzuklären, doch das hatte ihn nur noch mehr verwirrt. Also hatte sie sich damit arrangiert, die Vergangenheit zur Gegenwart zu machen – zumindest so lange, bis Sara eintraf. Der frühere Lieblingsraum ihrer Mutter fungierte als eine Zeitkapsel, die mit Erinnerungen angefüllt war, die Charlies verwirrten Geist zu beruhigen schienen.

Charlie nahm Chelseas Hand, immer noch in der Überzeugung, sie sei seine verstorbene Frau.

„Du erinnerst dich doch noch, nicht wahr, Virginia?"

Natürlich tat sie das. Chelsea erinnerte sich an alles. Zum Beispiel an den Moment, als sie ihre Mutter zusammengesunken und weinend in der Küche vorgefunden hatte, weil dieser gerade aufgegangen war, dass Charlie sie betrog. Sie erinnerte sich auch daran, dass ihr Vater Sara und sie vernachlässigt hatte, wodurch es zu dem beinahe tödlichen Unfall gekommen war, der sie und ihre Schwester auf unterschiedliche Weisen verwundet hatte. Und dann waren da die vielen Jahre der Funkstille, die sie nur unterbrochen hatte, weil sie ihren Vater zu ihrer überstürzten Mussheirat hatte einladen wollen. Sie erinnerte sich an seine wütende Reaktion auf ihr Vorhaben. Das Gefühl der Scham, als sie allein durch den Mittelgang zum Altar hatte schreiten müssen, an dem Sawyer auf sie wartete. Sawyer, der sie schließlich genauso betrogen hatte, wie ihre Mutter einst betrogen worden war.

Kein Wunder, dass Chelseas gutes Gedächtnis ihre größte Waffe geworden war. Es war wie ein Schwert, das sie schwang und mit dem sie andere verletzte, um sich selbst zu schützen. Seit Jahrzehnten führte sie diesen Kampf nun schon, aber um welchen Preis? Jetzt stand sie ganz allein auf dem Schlachtfeld, verletzt, blutend. In diesem Kampf gab es keine Sieger. Auch Chelsea selbst zählte zu den Opfern.

War es vielleicht Zeit, das Schwert niederzulegen, das Kriegsbeil zu begraben?

„Ja, Charlie, ich erinnere mich daran." Chelsea nahm wieder die Rolle ihrer Mutter ein. „Du hast Chelsea an diesem Tag einen kleinen Spielzeugofen gekauft, mit dem man sogar richtige kleine Kuchen backen konnte." Sie zeigte auf das nächste Foto, auf dem sie als stolze Achtjährige mit ihrem kleinen Ofen zu sehen war.

Charlie lächelte breit. „Spielt sie immer noch damit? Sie hat dieses Ding so geliebt. Und sie hat tolle Kuchen damit gemacht – die waren wirklich lecker."

Nun musste auch Chelsea lächeln. Ihre Minischokoladenkuchen waren zwar alles andere als lecker gewesen, aber Charlies Bemerkung versüßte ihr die Erinnerung daran.

Chelsea konnte es kaum glauben, dass ihr die Erinnerung an die Vergangenheit auch Heilung statt Verletzung bringen konnte. Während sie sich zusammen Seite um Seite der alten Fotoalben ihrer Mutter ansahen, erzählte Chelsea von vergangenen schönen Weihnachtsfesten, Geburtstagsfeiern, ihrer Einschulung ... Zum ersten Mal benutzte sie ihr gutes Gedächtnis nicht, um zu verletzen, sondern um zu heilen. Sie reiste mit ihrem Vater durch die Zeit, bis sie zu einem zeitlosen Bild von einer Braut kamen – Chelsea, die das Hochzeitskleid ihrer Mutter trug. In diesem Moment wurde sie still, denn sie wusste nicht, was sie sagen sollte.

„Du warst die allerschönste Braut!", sagte Charlie bewegt und drückte Chelseas Hand. Sie erwiderte die Geste und musste ihm dann ihre Hand entziehen, um sich die Tränen vom Gesicht zu trocknen.

„Danke", erwiderte sie. „Du weißt gar nicht, wie viel mir das bedeutet."

Er nickte und sah aus dem Erkerfenster. Die Sonne begann schon unterzugehen. „Ich glaube, ich muss jetzt gehen." Charlie stand auf. „Du weißt ja, diese ewigen Deadlines ..." Er kramte in seiner Hosentasche. „Hast du meine Schlüssel gesehen?"

„Dad?" Sara stand in der Tür zum Salon. Sie sah überrascht und besorgt aus.

Verwirrt blickte Charlie von Sara zu Chelsea. „Kennst du diese Frau?"

Chelsea schaute zu ihrer Schwester hinüber und zuckte nur hilflos mit den Schultern.

„Wo sind meine Schlüssel?" Langsam geriet Charlie außer sich. „Ich habe sie verloren!"

„Wir werden sie schon finden", beruhigte ihn Chelsea und tastete mit den Händen die Sofaritze ab. Schließlich berührten ihre Finger etwas Kaltes, Metallenes. Sie zog den Schlüsselbund hervor. „Siehst du? Hier sind sie!"

Als Chelsea ihrem Vater den Schlüsselring reichte, fiel ihr Blick auf ein Relikt aus vergangenen Zeiten, das zwischen den Schlüsseln baumelte. Zwei Kronkorken, die rot und blau angemalt waren. In die Innenseite war je ein kleines Foto von Sara und Chelsea geklebt worden. Diesen Schlüsselanhänger hatte sie gebastelt, als sie sieben Jahre alt gewesen war, und ihn Charlie zum Vatertag geschenkt.

„Danke", sagte Charlie und schloss seine faltigen Handflächen fest um die Kronkorken. Dann ließ er den Schlüsselbund in seine Hosentasche gleiten und ein vertrautes Klirren und Klappern ertönte. Erleichtert ließ er sich auf der Couch nieder. Sein Gesichtsausdruck entspannte sich.

„Ist er oft so?", fragte Chelsea Sara leise und beobachtete ihren Vater, der nun abwesend vor sich hin starrte.

„In letzter Zeit weiß man nie so genau, was einen erwartet."

Chelsea war durch ihren Vater – einem Mann, der nun nicht mehr von bitteren Erinnerungen in Ketten gehalten wurde – ein Tor in die Vergangenheit geöffnet worden. In *seine* Version der Vergangenheit. All die Jahre hatte sie sich immer wie die vergessene Tochter gefühlt. Ungewollt. Ungeliebt. Doch ihr Vater hatte sie immer im Herzen getragen. Diese Erkenntnis war wohltuend und unbefriedigend zugleich. Denn ihr Vater hatte den Schlüssel zu der Tür verloren, die zu einer bewussten Aussöhnung mit der Vergangenheit und einem Schuldeingeständnis seinerseits geführt hätte. Diese Tür war nun versiegelt.

„Es gibt immer noch Möglichkeiten, ihn zu erreichen", drang Saras Stimme in Chelseas Gedanken ein. Sara, die ewige Optimistin. „Fotos eignen sich dazu hervorragend. Und er liebt Musik."

Chelsea sah zum Grammofon in der Ecke. Ihr Vater hatte ihr früher einmal zur Musik von Sinatra den Two-Step beigebracht. Vielleicht könnte *sie* diesmal *seine* Lehrerin sein?

* * *

Sawyers schwarzer Cadillac Escalade kam vor dem *Higher Grounds Café* zum Stehen. Sein Spielplan war denkbar einfach: Er würde die unterschriebenen Scheidungspapiere einwerfen und wieder fahren. Er würde Chelsea nicht begrüßen, den Kindern keinen Besuch abstatten und sich nicht schon wieder über die Vergangenheit streiten. Dazu würde es in der Zukunft noch genug Gelegenheiten geben.

„Fährst du schon wieder?"

Sawyer drehte sich um und sah sich Chelseas Nachbar gegenüber.

„Oh, hallo!"

„Ich bin's, Bo. Wir haben zusammen die zerbrochene Fensterscheibe an der Eingangstür repariert."

„Natürlich, Bo, ich erinnere mich. Schön, dich zu sehen!" Sawyer blickte sich ungeduldig um. Eigentlich hatte er die Papiere möglichst unbemerkt einwerfen wollen.

„Wie läuft's mit deiner Jobsuche? Hast du schon Fortschritte gemacht?"

„Es gestaltet sich nicht so einfach, wie ich dachte. Heute hatte ich ein Vorstellungsgespräch für eine Stelle als Coach am Community College. Mal sehen, was draus wird. Nun fahre ich wieder zurück nach Austin. Ich musste nur kurz etwas abgeben."

„Du hast eine ganz besondere Familie", sagte Bo und zeigte auf das Café. „Aber das weißt du sicher, nicht wahr?"

Sawyer wagte einen Blick zu den Fenstern im oberen Stock. Durch das Fenster des Kinderzimmers hindurch konnte er die Sterne erkennen, die vom Nachtlicht an die Decke geworfen wurden. Dem Nachtlicht, das er Hancock und Emily geschenkt hatte.

„Ja, das weiß ich. Ich habe meine Familie zwar nicht immer zu schätzen gewusst, aber mittlerweile hat sich das geändert."

„Nun, dann wünsche ich dir eine gute Fahrt zurück nach Austin", bemerkte Bo und wandte sich zum Gehen. „Hoffentlich sieht man sich bald mal wieder."

Sawyer blieb noch einen Moment stehen, da er hoffte, vielleicht einen Blick auf seine Kinder erhaschen zu können. Doch es war spät und sie schliefen bestimmt schon. Als er um seine Motorhaube herumging, fiel ihm ein unerwarteter Lichtschimmer ins Auge. Er blickte über die Schulter in Richtung der großen Fenster des neu renovierten Salons. In den dreizehn Jahren seiner Ehe mit Chelsea hatte Sawyer nie etwas Ähnliches gesehen. Chelsea tanzte. Er konnte allerdings nicht sehen, mit wem. Sawyer schlich sich näher. Im Schatten eines Baumes blieb er stehen.

Die Erkenntnis traf ihn, als wäre er gerade von einem Mannschaftsgegner hart und vollkommen überraschend zu Fall gebracht worden.

Chelsea tanzte mit ihrem Vater – mit dem Mann, dem sie eigentlich nie hatte vergeben wollen.

Kapitel 45

Vom Schaukelstuhl ihrer Mutter aus beobachtete Chelsea, wie sich draußen ein Sturm zusammenbraute. Nach einer turbulenten Woche war sie froh, dass es an diesem Nachmittag im Café etwas ruhiger zuging.

„Hallo, Boss!" Manny schlurfte in den Wintergarten und hielt einen Strauß mit reinweißen Blumen in der Hand.

„Wofür sind denn die Blumen?", fragte Chelsea.

„Das Osterwochenende steht vor der Tür. Heute ist Karfreitag. Ich dachte, wir könnten hier drin im Salon etwas Aufmunterndes, Helles brauchen."

„Die sind wirklich schön!"

„Es sind Osterlilien. Aus dem Garten meiner Schwestern."

„Sag deinen Schwestern bitte Dankeschön von mir. Du kannst sie ruhig mal mit ins Café bringen."

Manny stellte die Vase mit den Lilien auf einen Tisch in der Mitte des Salons und gab Chelsea dann die Post. Unter den farbigen Werbeprospekten und den Rechnungen befand sich ein brauner Umschlag, der Chelsea bekannt vorkam.

„Danke, Manny." Chelsea begann den Umschlag zu öffnen, merkte jedoch, dass Manny immer noch wie angewurzelt neben ihr stand. „Ist alles in Ordnung bei dir?"

„Ja", antwortete Manny, doch er war sehr ernst und in seinen Augen glitzerten Tränen. „Ich hoffe nur, dass ich hier bei dir wirklich gute Arbeit leiste."

„Machst du Witze? Ich habe es doch nur dir zu verdanken, dass ich die Arbeit im Café überhaupt schaffe." Doch als Manny traurig zu Boden blickte, fragte sich Chelsea, ob sie irgendetwas Falsches gesagt hatte. „Geht es dir gut?"

„Ja, Ma'am."

Chelsea versuchte, Manny etwas aufzuheitern. „Ich mag dein T-Shirt, Manny."

„Katrina hat es mir geschenkt. Es ist ein Star-Wars-T-Shirt."

„Ja, das kann ich sehen."

Manny zwang sich zu einem Lächeln, bevor er Chelsea mit dem gefürchteten braunen Umschlag allein ließ.

Wie Chelsea vermutet hatte, befanden sich in dem Umschlag die Scheidungspapiere, von Sawyer unterzeichnet. Nun war es geschafft. Chelsea war frei. Sie konnte tun und lassen, was sie wollte. Doch wenn sie weiter den eingeschlagenen Pfad entlangginge, wären ihre einzigen Reisegefährten die schmerzlichen und bittern Erinnerungen, die sie verfolgen würden, bis sie sich eines Tages nicht mehr erinnern konnte. Ihr Vater hatte es ihr vorgemacht.

Im Alter von achtzig Jahren war er endlich frei von den quälenden Erinnerungen. Aber was war das für eine furchtbare Art, seinen Seelenfrieden zu finden! Seine Freiheit verdankte er nicht der willentlichen Entscheidung, Vergebung zu suchen, sondern allein seiner Alzheimer-Erkrankung und der Demenz.

Chelsea wusste, dass es zu spät zur Umkehr war. Den Beweis dafür hielt sie in den Händen. Nun musste sie den einsamen Weg auch gehen, den sie gewählt hatte. Aber wie?

Wie soll ich das bloß allein schaffen?

Kapitel 46

Manny saß als einziger Zuschauer in einem ansonsten leeren Kino, hielt den Blick fest auf die Leinwand gerichtet und die Hand tief in einem überdimensionalen Popcorn-Eimer vergraben. Er genoss sein neues Feierabend-Ritual – das Abendgebet bei den Schwestern und anschließend die Spätvorstellung im Kino. Seit Wochen schon hatte er sich auf die Spezialvorstellung von *Das Imperium schlägt zurück* gefreut. Hancock hatte ihm erzählt, dass dieser Film die beste aller Star-Wars-Episoden sei. Nach der Hälfte des Filmes war Manny jedoch immer noch nicht ganz bei der Sache. Ihm ging einfach zu viel durch den Kopf. Dennoch genoss er es, sich das Leben und die Schicksale anderer Menschen anzusehen, die sich auf der Leinwand vor ihm entfalteten. Irgendwie erinnerte ihn das an sein himmlisches Zuhause und daran, wie sehr er die „Großbildleinwand-Sicht" vermisste, die er von dort aus auf die Erde und die Menschen hatte.

Noch immer hatte Gabriel nichts von sich hören lassen und Manny beschlich das unbehagliche Gefühl, dass seine Mission gescheitert war. Er hatte Chelsea beobachtet, wie sie die Scheidungspapiere durchgesehen hatte, die von Sawyer gekommen waren. Auch ohne die himmlische Perspektive zu kennen, war ihm klar gewesen, was das bedeutete. Er hatte verloren. Und da war er nicht der Einzige.

Mit einem einzigen gezielten Streich seines Laserschwertes hatte Darth Vader gerade die Hand von Luke Skywalker abgetrennt. Manny schrie auf und fasste sich an sein rechtes Handgelenk, das dank seiner lebendigen Vorstellungskraft wie Feuer brannte.

Darth Vaders röchelnde, künstlich wirkende Atmung bescherte Manny jedes Mal eine Gänsehaut. „Wenn du wüsstest, welche Überlegenheit die dunkle Seite der Macht verleiht ...", knurrte der dunkle Lord und drohte dem verwundbaren jungen Jedi-Ritter mit der Faust. Und dann kam es. „Ich bin dein Vater."

„Was? Neiiiin!" Manny sprang auf den Sitz und schüttelte wütend die Faust, dass das Popcorn nur so flog. „Neiiiin!", schrie er wieder, nun im Einklang mit Luke Skywalker.

Als Luke sich dann in einen Schacht in den sicheren Tod fallen ließ, war Manny schon drauf und dran, das Kino zu verlassen. Doch eine erstaunliche Wendung hielt ihn auf seinem Sitz. Ein plötzlicher Lichtstrahl blendete ihn, breiter und heller, als er ihn je mit menschlichem Auge gesehen hatte. Umgeben von weißglühendem Feuer stand vor ihm, in nahezu menschlicher Form – der Erzengel Michael! Er war groß, doch nicht so groß, wie Manny ihn sich immer vorgestellt hatte. Sie waren sogar fast auf derselben Augenhöhe, allerdings stand Manny auch immer noch auf dem Kinositz. Manny war sich unsicher, ob er auf die Knie fallen oder strammstehen sollte, deshalb erstarrte er einfach mit dem Popcorn-Eimer im Arm.

„Hallo Manny", sagte Michael nur.

„Du kennst meinen *Namen*?" Manny hielt Michael das Popcorn hin. Wenn irgendjemand es verdiente, der Goldenen Regel entsprechend behandelt zu werden, dann war es der Erzengel.

„Natürlich kenne ich deinen Namen", antwortete Michael und lehnte lächelnd das Popcorn ab. „Wir arbeiten doch am selben Auftrag, erinnerst du dich nicht?"

Manny ließ die Schultern hängen und das Popcorn verteilte sich auf dem Boden. „Ich habe schon lange nichts mehr wegen unseres Auftrages gehört. Ist die Mission gescheitert?"

„Sie würde nur scheitern, wenn wir aufgeben. Aber der Himmel gibt niemals auf."

Manny nickte, dankbar für diese Erinnerung. „Aber wo ist Gabriel?"

„Er kämpft mit aller Kraft für den Erfolg unserer Mission. Aber dazu braucht er deine Hilfe. Wir alle brauchen sie."

„*Meine* Hilfe?", fragte Manny, erstaunt über die Dringlichkeit, die in Michaels Augen brannte.

„Die Mächte der Dunkelheit wüten heute Nacht im Café. Du musst so schnell wie möglich dorthin. Chelsea braucht dich jetzt."

Manny schluckte. „Und was soll ich tun, wenn ich dort bin?"

„Du wirst wissen, was zu tun ist."

Manny ließ seinen Popcorn-Eimer fallen und rannte den Mittelgang des Kinos entlang in den Kampf, während sich die Filmmusik in seinem Rücken zu einem Crescendo steigerte. Als er, erfüllt mit neuem Elan, schon fast den Ausgang erreicht hatte, drehte er sich noch einmal zu Michael um.

„Möge die Macht mit dir sein!", sagte er und beugte den Kopf.

„Und mit dir, Manny. Und mit dir."

Kapitel 47

Chelsea knipste das Nachtlicht von Hancock und Emily aus und schlüpfte leise aus dem Zimmer. Sie war bei den Kindern geblieben, bis sie friedlich eingeschlafen waren, um die letzte Nacht der Ruhe mit ihnen zu genießen, bevor ihr Leben auf den Kopf gestellt würde. Hancock wusste bereits, dass Veränderung in der Luft lag. Aber was war mit Emily? Würde sie auch morgen noch so friedlich einschlafen können?

Nachdem Chelsea damals als Kind erfahren hatte, dass ihre Eltern sich scheiden lassen würden, hatte sie nachts Albträume gehabt. Bis ins Erwachsenenalter hinein waren ihre Träume unruhig und voll bedrohlicher Schatten gewesen. Als Kind hatte sie das Gefühl gehabt, dass diese Schatten abends nur darauf warteten, dass sie endlich einschliefe. Sie hoffte, dass Emily diese furchtbare Erfahrung erspart bleiben würde. Doch ein Gedanke bereitete ihr noch viel mehr Sorgen: Würden ihre Kinder ihr wegen der Scheidung die Schuld geben, so wie sie sie damals ihrem Vater gegeben hatte? Und warum auch nicht? Schließlich war es ihre Entscheidung gewesen, sich von Sawyer zu trennen und damit die Familie auseinanderzureißen. Fragen wie diese rasten wieder und wieder durch Chelseas Kopf, bis sie schließlich von der *einen* Frage überholt wurden, die schon den ganzen Tag in ihrem Kopf ihre Runden gedreht hatte.

Wie soll ich das bloß allein schaffen?

Nun endlich war Chelsea bereit, das herauszufinden.

* * *

Der Router erwachte so geräuschvoll zum Leben, dass Chelsea vor Schreck zurückwich.

In der Dunkelheit des Cafés wirkte die schimmernde Kugel, in deren Innern kleine blaue Blitze zuckten, noch unheimlicher als sonst. Draußen gewitterte es und die Blitze im Router wiegten sich im Takt der Donnerschläge.

Auf Chelseas Laptop-Bildschirm spiegelten sich die vom Sturm geschüttelten Bäume, die durch das Erkerfenster im Salon zu sehen waren.

Sie hatte ihre Frage eingetippt und sah nun unschlüssig auf den Cursor, der am Ende ihrer sieben einfachen Worte blinkte. Schließlich drückte sie doch auf die Entertaste. Sofort erschien ihre Frage auf dem Blog. Nun würde sie jeden Augenblick ihre himmlische Antwort erhalten.

Krrrrrrachhhhhh! Ein mächtiger Donnerschlag ertönte und ließ die Fenster des Salons erzittern. Die Lichter flackerten und erstarben schließlich. Chelsea saß in vollkommener Dunkelheit. Nur der Bildschirm ihres Laptops verbreitete einen bläulichen Schimmer.

„Das kannst du mir doch nicht antun!", rief Chelsea aus und starrte ungläubig auf ihren Bildschirm.

Die WLAN-Verbindung zum Gott-Blog war abgebrochen. Sie klappte den Laptop zu, stand auf und ertastete sich ihren Weg zur Tür. Als sie den Salon schon fast verlassen hatte, bemerkte sie Rauchgeruch.

* * *

Manny war außer Atem. Er war schon zehn Häuserblocks weit gerannt, aber noch immer lagen einige Straßenzüge vor ihm. Wie er in diesem Moment seine Flügel vermisste! Für einen kurzen Augenblick war er versucht, sich etwas auszuruhen, doch dann kamen ihm die Worte des Erzengels wieder in den Sinn: *Der Himmel gibt niemals auf.*

Endlich erreichte Manny die King-William-Straße. In seinem Herzen betete er inständig für Chelsea, Hancock und Emily. Als das *Higher Grounds Café* in Sicht kam, wurde Manny die Dringlichkeit seiner Aufgabe bewusst. Flammen schlugen aus dem Haus heraus und dichter Qualm strömte aus der zerbrochenen Eingangstür.

„Chelsea!", schrie Manny und rannte zum Café. Gerade als er die Stufen zur Veranda hochlief, sprang Hancock durch die zerbrochene Glastür ins Freie und brachte Manny zu Fall.

„Hancock, geht es dir gut? Wo sind Emily und deine Mom?"

Doch Hancock wurde von einem gewaltigen Hustenanfall geschüttelt. Nur Sekunden später erhielt Manny seine Antwort, als Sawyer mit Emily im Arm aus der Tür rannte.

„Chelsea ...", Sawyer schnappte nach Luft und versuchte zu sprechen. „Ich konnte sie oben nicht finden ..."

Manny brauchte nichts weiter zu hören. Er raste in die rauchschwarze Dunkelheit hinein, auf der Suche nach der Frau, die er beschützen sollte.

„Chelsea!", schrie er, doch die einzige Antwort war das wütende Lodern und Tosen des Feuers, das in Windeseile das jahrhundertealte Holzhaus zerfraß. Manny tastete sich mit ausgestreckten Armen zur Küche vor. Ohne seine Engelsaugen, nur mit menschlichen Augen allein, konnte er kaum etwas erkennen. Doch er arbeitete sich weiter voran. Wie Luke Skywalker, der mit seinem Raumjäger mutig die Schächte des Todessterns durchflog, geleitet allein durch die Macht. Manny warf sich in den Kampf, im Vertrauen auf den, der größer war als er selbst.

Gerade als er sich der Kaffeetheke näherte, brachen Feuerflammen durch die Wand des Vorratsraumes. Manny duckte sich, um dem Asche- und Feuerregen zu entgehen. Die Flammen schienen direkt von dem Ort zu kommen, an dem Chelsea den wertvollen Router aufgestellt hatte. Er bezweifelte, dass es sich dabei um einen Zufall handelte. Manny konnte sich annähernd vorstellen, welche Kämpfe seine Engelskollegen in diesem Moment dort auszufechten hatten.

„Chelsea!", rief Manny über die Schwingtür in die Küche hinein. Er bekam keine Antwort. Und sehen konnte er sie auch nirgends. Die Zeit wurde knapp, doch Manny konnte es sich nicht leisten, die Nerven zu verlieren. Er schloss seine Augen vor der Szenerie, die ihn umgab, und lauschte. Obwohl seine feinen Sinne als Engel durch die Hektik und Lautstärke der sichtbaren Welt etwas abgestumpft waren, betete Manny inständig, dass er in diesem Moment doch noch mehr sehen und hören konnte als ein normaler Mensch.

Gott, beschütze meine Tochter ...
Lass Chelsea erkennen, wie sehr du sie liebst ...

Manny konnte die Gebete vergangener Jahrzehnte hören, die immer noch so mächtig waren wie zur ersten Stunde. Sie drangen lauter an Mannys Ohr als das Wüten des Feuers.

Heile meine Familie ...
Herr, bitte behüte Chelsea ...

Manny rannte in den Salon und fand dort Chelsea, die reglos auf dem Boden lag. „Chelsea!", rief er, doch sie war bewusstlos. Als er sich neben sie kniete, hörte er, wie die Holzdecke über ihm nachgab. Die Gebete, die ihn und Chelsea umhüllten, gaben ihm Kraft. Er nahm Chelsea auf seine Arme und lief aus dem Raum heraus, wobei er auf die brennenden Holzteile zu achten versuchte, die bereits von der Decke fielen.

Manny stürmte aus der Eingangstür und rannte direkt in eine Gruppe von Feuerwehrleuten und Sanitätern hinein. Doch auch jetzt wollte er Chelsea noch nicht loslassen. Er lief einfach weiter, an ihnen vorbei, bis er glaubte, dass sie in Sicherheit war. Erst dann gaben seine Beine unter ihm nach. Kurz darauf erreichten ihn die Sanitäter, voller Staunen und Hochachtung, dass Manny es mit Chelsea lebend aus dem brennenden Inferno heraus geschafft hatte. Aber es war ja auch nicht Mannys erste Rettungsaktion gewesen.

Kapitel 48

Chelseas Augen brannten, als sie sie zu öffnen versuchte. Wie durch eine Nebelwand hindurch sah sie Sara, die ganz in ihrer Nähe saß. Sie schien zu beten. Auf ihrem Schoß hielt sie ein angesengtes altes Fotoalbum. Als Chelsea sprechen wollte, fühlte sich ihre Kehle so an, als sei sie mit feurigen Kohlen gefüllt.

„Sara", flüsterte sie mit rauer Stimme.

„Chelsea!" Augenblicklich richtete Sara sich auf und trat an Chelseas Bett. Sie ergriff ihre Hand, vorsichtig darauf bedacht, die Kanüle mit dem Infusionsschlauch nicht zu berühren. „Wie fühlst du dich?"

„Schrecklich. Aber immerhin lebe ich." Chelsea lächelte trocken. Dann verschwand ihr Lächeln mit einem Schlag. „Was ist mit Hancock und Emily?"

„Ihnen geht es gut, keine Sorge." Sara goss Chelsea etwas Eiswasser in einen Becher. „Sawyer kümmert sich um sie. Alle wohnen im Moment bei uns."

Chelsea trank dankbar einen Schluck Wasser. Tränen der Erleichterung traten in ihre Augen. „Manny hat mich letzte Nacht gerettet."

Sara nickte, ebenfalls mit Tränen in den Augen. „Ja, das hat er. Aber das ist schon *zwei* Nächte her. Heute ist Ostersonntag."

„War es auch Manny, der die Kinder gerettet hat?"

„Nein, das war Sawyer."

„Sawyer?"

Sara nickte. „Ich weiß nicht, warum er da war, aber Gott sei Dank *war* er da. Er hat die Feuerwehr alarmiert und die Kinder aus dem oberen Stock geholt. Aber er hat dich nicht finden können und der Rauch hatte ihm schon schwer zugesetzt. Manny ist gerade noch rechtzeitig gekommen. Er hat dich in Moms altem

Zimmer gefunden. Das Feuer ist ganz in der Nähe ausgebrochen."

„Was hat es denn verursacht?"

„Das Gewitter. Der Blitz ist eingeschlagen und hat einen Kurzschluss in all diesen alten Stromleitungen verursacht. Dann hat es angefangen zu brennen und als das Feuer einmal ausgebrochen war ..." Sara schüttelte den Kopf und ihre Stimme zitterte. „Die Feuerwehr sagte, dass es ein Wunder sei, dass ihr alle es lebend aus diesem Haus heraus geschafft habt."

„Dann ist das Café also ..."

„Weg. Das Café gibt es nicht mehr."

Chelsea musste schlucken. Sie wusste, es würde noch eine Weile dauern, bis sie die Tragweite der vergangenen Geschehnisse wirklich erfasst hatte. Andererseits war sie unglaublich dankbar. Ihre Kinder und sie selbst waren noch am Leben. Verglichen mit dem, was hätte passieren können, war der Verlust des Cafés zu verkraften.

„Chelsea, da gibt es noch etwas", sagte Sara und griff nach dem Fotoalbum auf ihrem Stuhl.

„Das hattest du bei dir, als Manny dich fand. Die Schwestern haben es mir zusammen mit einigen anderen deiner Sachen gegeben. Ich habe es mir angeschaut, um mich daran zu erinnern, wie gut Gott durch die Jahre hinweg zu uns gewesen ist."

Chelsea nickte, auch wenn sie das etwas anders sah.

„Nun, und dabei habe ich das hier gefunden. Es klemmte einfach zwischen den Seiten." Sara zog einen Zeitungsausschnitt der *Tribune* aus dem Album, der mit der Zeit schon ganz gelb geworden war. Chelsea überflog den Artikel, in dem es um ihren und Saras beinahe tödlichen Autounfall ging.

„Schau mal hier", fuhr Sara fort und strich das Papier glatt, das sich an den Seiten schon aufrollte. Jetzt konnte Chelsea einen genaueren Blick auf das Foto werfen, das den Artikel ergänzte. Es war offenbar ein Schnappschuss, den ein Schaulustiger gemacht hatte. „Siehst du das?"

Chelsea studierte das grobkörnige Foto genau. Aus dem brennenden Autowrack heraus tauchte ein Mann auf, der die 11-jährige Chelsea im Arm trug. Der mysteriöse Held war mexikanischer Abstammung, um die dreißig, und ihr erschreckend vertraut.

„Nenn mich verrückt, aber *wem* sieht der Mann hier täuschend ähnlich?"

„Das ... das ist Manny!" Chelsea schüttelte ungläubig den Kopf.

„Genau!", rief Sara aus. „Aber wie kann das sein?"

* * *

Als Chelsea erneut erwachte, stand eine freundliche Nonne an ihrem Bett und tupfte ihr die Stirn mit einem feuchten Tuch ab. „Geht es Ihnen gut, meine Liebe? Sie haben im Schlaf gesprochen!"

„Haben wir immer noch Ostern?", flüsterte Chelsea.

„Ja, das haben wir", antwortete die Nonne und hielt Chelsea einen Becher mit Strohhalm hin. „Ich bin Schwester Margaret und werde mich heute Abend um Sie kümmern." Schwester Margarets Lächeln war echt und wirkte authentisch, so als habe es sich über Jahre der liebevollen Fürsorge hinweg in ihr Gesicht gegraben. Chelsea trank mit großen Zügen, denn die kühle Flüssigkeit tat ihrer versengten Kehle gut. „Danke."

„Gibt es noch etwas, das ich für Sie tun kann?"

„Gibt es hier im Krankenhaus eine Kapelle?", fragte Chelsea.

Nachdem sie Chelsea dabei geholfen hatte, ein frisches weißes Krankenhaushemd anzuziehen, fuhr Schwester Margaret sie mit dem Rollstuhl zur Kapelle. Die Doppeltüren öffneten sich in einen bescheidenen Raum hinein. Schwester Margaret schob sie zwischen den drei Reihen Kirchenbänken aus Eichenholz hindurch zum Altar, über dem ein einfaches Holzkreuz hing.

„Soll ich Sie für einen Augenblick allein lassen?", fragte sie Chelsea.

Als Chelsea nickte, stellte Schwester Margaret die Bremsen

am Rollstuhl fest. Dann ließ sie Chelsea allein an dem stillen, heiligen Ort zurück.

Chelsea starrte auf das Kreuz. Es kamen ihr so viele Dinge in den Sinn, die sie Gott in diesem Moment am liebsten gefragt oder einfach herausgeschrien hätte. Doch in der Flut ihrer Gedanken kam schließlich wieder nur die eine Frage an die Oberfläche, sieben einfache Worte.

„Wie soll ich das bloß allein schaffen?", fragte Chelsea den Himmel unter Tränen. Und wieder erschien es ihr, als sei ihre Frage für Gott bedeutungslos und einer Antwort nicht wert – so, als ob sie eine Flaschenpost in das unendliche Sternenmeer geworfen hätte.

Aus dem Augenwinkel heraus sah Chelsea einen Lichtschimmer. Sie wischte sich die Tränen aus den Augen und wandte sich zur Seite. Neben sich in der Kirchenbank erblickte sie ein vertrautes Gesicht.

„Manny?"

„Hallo, Chelsea", antwortete er.

Chelsea musste blinzeln. Eigentlich war sie sich sicher, dass es derselbe Manny war, den sie kannte, und doch war er anders. Ein heller Lichtschein ging von ihm aus, so als würde er von innen heraus glühen. Chelsea wagte es nicht, den Gedanken auszusprechen, der sich ihr aufdrängte. Stattdessen wählte sie umschreibende Worte.

„Du ... du bist nicht aus der Gegend, oder?"

Manny kicherte. „Du hast es erfasst."

„Also bist du ..." Sie brachte es nicht über sich, das Offensichtliche beim Namen zu nennen.

„Ein Engel", ergänzte Manny nüchtern. „Zu deinem Schutz abgestellt."

„Und das hier ist kein Traum?" Chelsea sah sich in der Kapelle um und rieb ihre Augen. Diese Situation überstieg ihre Vorstellungskraft. Der Manny, der neben ihr in der Bankreihe saß, war alles andere als menschlich. Aber das war eigentlich unmöglich. Allerdings war es eine Unmöglichkeit, die mit einem Mal Antworten auf Fragen lieferte, die sie sich seit Monaten gestellt hatte. Ihr Verstand, dieses stählerne Fangeisen, stand plötzlich weit offen.

„Der Gott-Blog … das warst also *du*?"

„Oh nein. Ich hatte bloß die Idee dazu. Aber die Antworten … das war *Er*." Manny zeigte nach oben.

„Und die Techniker, die den Router installiert haben, waren die auch …"

Manny nickte. „Genau wie ich, doch in besserer Verkleidung."

„Und … bei unserem Autounfall … hast du mich da …?"

Manny nickte. „Auch damals hat *Er* mich zu dir gesandt."

Chelsea rieb sich die Stirn und versuchte angestrengt, all die Puzzleteile zusammenzusetzen.

„Du hast eine Frage gestellt", sagte Manny.

„Wie soll ich das bloß allein schaffen?", wiederholte Chelsea.

„Chelsea, du wirst nie in die Lage kommen, es *allein* schaffen zu müssen." Manny nahm ihre Hand. „Gib acht, ich zeige es dir."

Kapitel 49

Chelsea saß immer noch in der Kapelle. Das wusste sie ganz genau, weil ihre Füße den rauen Krankenhausteppich berührten und sie in ihren Kniekehlen das kühle Metall des Rollstuhls spüren konnte. Doch ihre Umgebung hatte sich verändert. Mit einem Mal schien sie sich in dem großzügigen Haus in Seattle zu befinden, in dem sie mit Sawyer und den Kindern drei schmerzvolle Jahre lang gelebt hatte. Durch die deckenhohen Fenster des luftigen, in Weißtönen gehaltenen Wohnzimmers konnte sie erkennen, dass es einer der in Seattle so seltenen sonnigen Tage war. Doch als gebürtiger Texanerin erschien Chelsea selbst der strahlendste Himmel über dieser Stadt immer noch bewölkt.

„Mom, Emily will ihre Puppen in meinen Modellflugzeugen fliegen lassen!"

Sobald Chelsea Hancocks Stimme vernahm, wusste sie genau, um welchen Tag es sich handelte. Gleich würde das Telefon klingeln. Der dünne Faden, der ihre Familie noch zusammenhielt, würde gleich zerreißen.

„Manny, ich will nicht hier sein", flüsterte Chelsea.

Aber es war zu spät. Sie war ja schon mittendrin. Ein Schauer lief über Chelseas Rücken, als sie sich selbst sah, wie sie das Wohnzimmer betrat und zum Telefon eilte. Es war so, als würde sie sich ein Theaterstück mit sich selbst in der Hauptrolle anschauen. Zu dumm, dass es sich um eine Tragödie handelte.

Plötzlich schien der Raum finsterer zu werden. Chelsea nahm dunkle Schatten wahr, die in den Ecken des Zimmers lauerten und ihr ahnungsloses Opfer langsam einkreisten. Die Albträume, die sie über Jahre gequält hatten, wurden vor ihren Augen lebendig. Chelsea war dankbar, dass Manny immer noch ihre Hand hielt.

„Warte nur", flüsterte Manny, als Chelsea seine Finger angstvoll umklammerte. „Achte auf die Fenster."

Chelseas Blick wanderte zurück zu den Fenstern. Draußen wurde die Sonne gerade von einem hellen Lichtstrahl in den Schatten gestellt, der von Sekunde zu Sekunde gleißender wurde und sich auch noch vervielfachte. Das waren keine natürlichen Lichtstrahlen. Im weißglühenden Zentrum jedes Strahls nahm Chelsea eine leuchtende Gestalt wahr, wie sie sie niemals zuvor gesehen hatte.

Als die Lichtgestalten den Raum betraten, gingen die meisten der schattenhaften Formen in Deckung. Nur die dreistesten, finstersten Schatten krochen weiter auf Chelseas früheres Selbst zu.

In dem Moment, in dem die alte Chelsea zu Boden sank, zutiefst getroffen von der Nachricht, dass ihr Ehemann sie betrog, fiel ein heller Schein vom Himmel direkt auf sie herab. Er vertrieb die Schatten, die sie umgaben, und hüllte sie in einen Mantel aus Licht.

Auch wenn sie jetzt nur Zuschauerin war, konnte Chelsea dennoch spüren, wie Wärme sie durchfloss und eine heilende Hand sie berührte.

„Bist du das?", fragte sie Manny.

„Aber nein, Chelsea. *Er* ist es."

„*Er* war da?"

„Er ist immer da gewesen. Siehst du?"

Chelsea folgte Mannys Blick. Sie sah durch die Decke der alten hölzernen Hochzeitskirche von Alamo Heights mit dem wunderschönen Turm. Dann bemerkte sie sich selbst, wie sie gerade als Braut den langen, einsamen Weg durch den Mittelgang zum Altar schritt. Sie kannte diese Szene nur zu gut, hatte sie diese doch in Gedanken wieder und wieder durchgespielt. Doch diesmal war etwas anders. Eigentlich war sie immer davon ausgegangen, dass sie damals ganz allein zum Altar gegangen war. Doch dem war nicht so. Sie trug einen Schleier aus funkelndem Licht, das auch jeden ihrer Schritte einhüllte. Gott war bei ihr.

Zum ersten Mal konnte Chelsea ihren Hochzeitstag gedanklich noch einmal durchleben, ohne von einer Wolke aus Scham überschattet zu sein. Sie bemerkte ihre Mutter, die ihr aus der vordersten Bankreihe heraus einen ermutigenden Blick zuwarf. Und ihre Schwester Sara warf ihr vom Altar her ein Lächeln zu, obwohl sie sich in ihrem blauen Brautjungfernkleid aus Taft sichtbar unwohl fühlte. Chelseas Blick heftete sich schließlich auf Sawyer, der von einem steifen Smoking eingeengt am Altar auf sie wartete. Sie erinnerte sich noch an sein aufgeregtes, etwas zittriges Lächeln, doch damals war ihr entgangen, dass seine mit Tränen gefüllten Augen eine tiefe Liebe zu ihr ausstrahlten.

Mit Manny als Führer reiste Chelsea von Erinnerung zu Erinnerung. Sie erlebten zusammen noch einmal jeden Moment der Einsamkeit, der Verlassenheit, des tiefen Schmerzes. Und die Erinnerung an jeden dieser Momente wurde geheilt. Chelsea begriff: Gott war immer da gewesen – bei der Entdeckung ihrer ungewollten Schwangerschaft, bei ihrem schweren Verkehrsunfall ... Gott hatte sie keinen Moment lang verlassen. Die Mauer der schmerzvollen Erinnerungen, mit der sich Chelsea von Gott abgeschottet hatte, war durchbrochen. Die heilsame Wahrheit konnte Chelseas Verstand und Herz berühren: Gott war immer an ihrer Seite geblieben.

„Aber warum?", fragte Chelsea erstaunt, als die letzte Szene langsam vor ihren Augen verblich. „Warum tut er das?"

„Weil er dich liebt. Jetzt, in diesem Moment, und in jedem anderen Moment deines Lebens. Immer. Er hat dich bereits geliebt, bevor du zusammen mit deiner Mutter am Ostermorgen dein erstes einfaches Kindergebet gesprochen hast. Sogar bevor du geboren warst, hat er dich schon unendlich geliebt." Manny hielt einen Moment inne, weil er von seinen Emotionen überwältigt wurde. „Soll ich dir zeigen, was er aus Liebe für dich getan hat?", fuhr er fort und bot Chelsea noch einmal seine Hand an.

Chelsea legte ihre Hand in die seine. Sobald ihre Handflächen sich berührten, veränderte sich ihre Umgebung auf dramatische

Weise. Zu ihrer Linken sah Chelsea einen Torbogen, der in eine antike Stadt führte. Zu ihrer Rechten, vielleicht achthundert Meter entfernt, bemerkte sie einen Hügel.

„Wo sind wir?", fragte Chelsea verwirrt. „Oder sollte ich besser sagen: *Wann* sind wir?"

„Du stehst auf einem Weg, der aus Jerusalem heraus und nach Golgatha führt. Vor über zweitausend Jahren."

Als sie sich dem Hügel näherten, sah Chelsea drei Holzstämme, die auf dem Kamm senkrecht in den Boden eingelassen waren. Drohend ragten sie über der versammelten Menschenmenge auf. Fast wirkten sie wie Utensilien aus einem Passionsspiel, doch die Szene, die sich vor Chelseas Augen entfaltete, war real und gnadenlos brutal.

Der wolkenlose Himmel verdunkelte sich, wurde fast schwarz. Chelsea konnte gerade noch genug erkennen, um die Silhouette von Christus auszumachen, der an das mittlere Kreuz geschlagen worden war. Sein Kinn hatte sich auf seinen Brustkorb gesenkt. Seine Hände waren von Nägeln durchbohrt. Er stöhnte vor Schmerz und seine Atemzüge kamen immer seltener, während sich dunkle Schatten um seinen Brustkorb wanden wie Schlangen.

Chelsea suchte die Menge nach einem Hoffnungsschimmer ab, aber sie konnte nur Dunkelheit wahrnehmen. Plötzlich ertönte ein furchterregender Schrei.

„Mein Gott, mein Gott, warum hast du mich verlassen?"

Die Sprache war Chelsea fremd, doch Manny hatte ihr Zugang zu seinen Augen und Ohren verschafft, sodass sie die Worte verstehen konnte.

Voller Schrecken starrte Chelsea wie gebannt auf Christus, dessen Kopf leblos nach vorne fiel. Einige Augenblicke verharrte er so, dann richtete er sich noch einmal mit letzter Kraft an seinen durchbohrten Füßen und Händen auf und schrie:

„Es ist vollbracht!"

Bittere Tränen brannten in Chelseas Augen. Sie konnte diesen grausamen Kampf keinen Moment länger mit ansehen.

„Warum hast du mich hergebracht, Manny?"

„Das ist der einsamste Moment der Geschichte. Der letzte Augenblick wahrer Verlassenheit. Von diesem Zeitpunkt an ist Verlassenheit nichts weiter als ein Irrglaube, ein Mythos. Und Einsamkeit? Einsamkeit ist eine Entscheidung."

Während Manny sprach, löste sich die trostlose Umgebung vor Chelseas Augen auf. Dunkle, schwere Wolken zogen ab und offenbarten eine strahlend helle Morgensonne, die alle Schatten verjagte. Der harte, felsige Untergrund zu ihren Füßen verwandelte sich in einen grünen, bunt gesprenkelten Grasteppich. Jetzt stand Chelsea in einem farbenfrohen Garten. Weinblätter rankten sich eine steile Felswand hinauf. Blumen streckten ihre Blütenkelche der Sonne entgegen. Der Himmel war strahlend blau. Auf der anderen Seite des Gartens erblickte sie den Eingang zu einem Felsengrab, der durch einen großen Stein versiegelt war.

„Es gibt keine Trennung mehr. Es gibt keinen Abgrund zwischen dir und dem Himmel. Nichts trennt dich mehr von der Liebe Gottes."

In diesem Augenblick sah sie ihn. Jesus. Vollkommen lebendig. Sein Gewand schien aus purem Sonnenlicht gemacht, jeder Faden glänzte. Sein Gesicht strahlte wie der Mond und spiegelte in vollkommener Weise das Angesicht des Vaters wider. Bei seinem Anblick fielen die Menschen, die ihn sahen, vor Ehrfurcht auf die Knie. Für Chelsea selbst war dieser Moment gekommen, als sie einen Blick aus seinen Augen erhaschte, die wie flammende Sterne funkelten. Ihr leuchtete dasselbe Licht entgegen, das auch in ihren dunkelsten Stunden da gewesen war.

„Du wolltest wissen, wie du das Leben künftig allein meistern sollst?", fragte Manny, als der üppige Garten in Jerusalem langsam verblasste und Chelsea und Manny wieder der simplen, sterilen Krankenhauskapelle überließ.

„Das wirst du nie erfahren. Denn du wirst das Leben niemals allein meistern müssen."

Kapitel 50

Chelsea erinnerte sich an eine Bibelstelle, die ihre Großmutter Sophia besonders geliebt hatte.

„Das Haus fiel nicht ein, denn es war auf Fels gegründet." Während sich Chelsea ihren Weg durch die Ruinen des *Higher Grounds Café* und ihrer ehemaligen Wohnung bahnte, stellte sie sich vor, dass ihre Großmutter in diesem Moment lächelte. Natürlich hatten nur sehr wenige von Chelseas Habseligkeiten den Brand überlebt. Abgesehen von den Edelstahl-Backöfen, dem Trichter aus Metall, der zu dem alten Grammofon gehörte, und dem verkohlten Rahmen des Queen-Anne-Sofas, auf dem Lady Bird Johnson einst an ihrem Cappuccino genippt hatte, war kaum etwas von den verkohlten Resten wiederzuerkennen.

Doch die dicken gemauerten Wände, das Werk von Maurern aus längst vergangenen Tagen, standen immer noch aufrecht auf dem steinigen Fundament des Cafés.

Als der Schadenssachverständige eintraf, gab er einen erstaunten Pfiff von sich. „Da haben Sie aber was, das muss man sagen!"

„Danke für die Erinnerung", antwortete Chelsea verstimmt.

„Nein, im Ernst: Orte wie diesen findet man nicht mehr allzu oft."

„Orte wie diesen?"

„Aber das wissen Sie doch bestimmt, oder?", sagte der Mann und deutete mit seinem Klemmbrett einmal im Kreis. „Das ganze Land hier gehörte einst zu einer Missionsstation. Sie existierte sogar schon vor der Missionsstation, aus der später das Alamo-Fort wurde."

„Das hat mir meine Mutter auch immer erzählt. Und meine Großmutter ebenfalls."

„Ja, aber es ist nicht nur das Land. Ich vermute, dass dieser steinerne Untergrund hier …", er stampfte mit den Füßen auf dem Boden herum, „zum ursprünglichen Klostergebäude gehörte."

Während der Sachverständige seine Untersuchung fortsetzte, wanderte Chelsea weiter durch die Ruinen und stieß tatsächlich hier und da noch auf ein paar Erinnerungsstücke. Dass überhaupt etwas dem Feuer standgehalten hatte, war das reinste Wunder. Sie fand das handgeschnitzte Schaukelpferd, das ihre Eltern ihr bei einem der wenigen glücklichen Familienurlaube in Mexiko gekauft hatten. Und da war sogar noch das Gobelin-Kissen, das ihre Mutter vor vielen Jahren gestickt hatte. Chelsea las die Aufschrift: *Wir leben von Kaffee und Gebet.*

„Weise Worte!" Bos Stimme ertönte vom verkohlten Türrahmen her. „Gott sei Dank seid ihr hier lebend herausgekommen!"

„Gott sei Dank, dass Sawyer und Manny zur Stelle waren!", ergänzte Chelsea, während sie in Bos herzlicher Umarmung verschwand.

„Wie geht es Manny? Die anderen von deiner Familie und deinen Freunden habe ich ja schon im Krankenhaus gesehen, aber ich hatte noch immer keine Gelegenheit, *ihm* die Hand zu schütteln."

„Manny geht es … großartig. Er ist … wirklich ein Engel", sagte Chelsea lächelnd. „Leider werden wir ihn in naher Zukunft nicht mehr so oft sehen."

„Warum das denn?"

„Er wird zu Hause gebraucht", antwortete Chelsea und vermied Bos Blick. Das mit Manny war nicht so einfach zu erklären.

„Das ist schon erstaunlich, dass die Hilfe gerade zur richtigen Zeit kam, nicht wahr?"

„Ja, das ist es", pflichtete Chelsea ihm bei.

„Was wirst du jetzt tun?"

„Das hängt erst einmal ganz von ihm ab." Chelsea sah zu dem Sachverständigen hinüber. „Wenn ich es mir leisten kann, würde ich das Café gerne wiedereröffnen."

„Ich helfe dir gerne dabei. Wie du weißt, kenne ich mich ein wenig mit Reparaturen aus." Bo grinste vielsagend. „Und es sieht ganz danach aus, als ob wir ein paar Dinge retten könnten."

Nachdem der Schadenssachverständige seine Bestandsaufnahme beendet hatte, durchstöberten Bo und Chelsea gemeinsam die Überreste des Salons. Der schöne Tisch, den Bo gebaut hatte, sah jetzt leider eher wie ein halb verbranntes Stück Feuerholz aus. Doch manches andere konnte Chelsea noch erkennen. Das Gesicht von Diana Ross auf dem Cover von *Cream of the Crop* zum Beispiel, dem 1969er-Album der Supremes. Oder Paul McCartneys Wuschelkopf auf dem Cover von *A Hard Day's Night*. Am erstaunlichsten aber war, dass Chelsea die Lieblingsplatte ihrer Mutter, Frank Sinatras *Put Your Dreams Away,* vollkommen unversehrt in den verkohlten Trümmern fand. Als sie die Platte aufhob, bemerkte sie auf dem Steinboden darunter Teile einer Inschrift. Das Feuer hatte die Schichten von Holz und Teppich, die sie verborgen hatten, weggebrannt.

„Das gibt's doch nicht. Sieh dir das an!", sagte Bo erstaunt.

Chelsea befreite die Stelle mit ihrem Fuß von den Schuttresten, sodass die ganze Inschrift sichtbar wurde. Zweifellos war sie vor vielen Jahrhunderten von den ursprünglichen Bewohnern in das Fundament ihres Hauses gemeißelt worden: *Casa de Oración.*

Chelsea übersetzte die Worte laut für Bo und sich: „Haus des Gebetes".

* * *

In den folgenden Wochen wurde Chelsea tatsächlich hauptsächlich von Kaffee und Gebet am Leben gehalten. Tony und Sara hatten sie und die Kinder bei sich aufgenommen, wodurch es mit einem Mal sehr eng bei ihnen war, da sie außerdem zu den Pflegeeltern von Marcus Johnson geworden waren. Ihre Familie war damit auf drei Erwachsene und fünf Kinder angewachsen. Dazu kam, dass die Zwillinge gerade mit dem Krabbeln begannen und nichts mehr vor ihnen sicher war. Die drangvolle Enge beanspruchte die Familienbande aufs Äußerste. Dennoch bemerkte Chelsea, dass Sara durch all die Ereignisse und neugeschaffenen Erinnerungen ihr bescheidenes Heim in Lavaca, das sie doch eigentlich unbedingt hatte verlassen wollen, immer mehr lieb gewann.

„Ich dachte die ganze Zeit, dass wir unbedingt in ein besseres Viertel ziehen sollten", sagte Sara zu Chelsea, während sie das „Zu verkaufen"- Schild aus dem Rasen im Vorgarten zog. „Aber jetzt möchte ich, dass wir dabei helfen, dieses Viertel besser zu machen."

Sara war nicht die Einzige in der Familie, deren Herz grundlegend verändert worden war. Hancock schien seit dem Brand um Jahre reifer geworden zu sein. Jeder um ihn herum bemerkte das. Doch Tony brachte es auf den Punkt: Dass Hancock mit dem Verlust so souverän umgehen konnte, kam nur daher, dass er ein tiefes Vertrauen entwickelt hatte. Chelsea zweifelte nicht daran, dass dasselbe Licht, das sie in ihrem Leben am Werk gesehen hatte, nun auch in ihrem Sohn brannte. Als Hancock sie darum bat, eine Woche bei seinem Vater in Austin verbringen zu dürfen, konnte Chelsea gelassen ihre Zustimmung geben.

Kapitel 51

Gelassenheit. Chelsea gewöhnte sich langsam an diesen für sie neuen Zustand. Und als dann eine Woche später Sawyers Geländewagen in die Auffahrt einbog, wurden ihre Gedanken nicht von Fragen wie „Was ist, wenn …" oder Mahnungen wie „Erinnere dich daran, dass …" überflutet. Stattdessen verspürte sie ein tiefes Gefühl der Dankbarkeit.

„Danke, Sawyer", sagte sie und gab Hancock einen Kuss auf die Stirn, bevor sie ihn nach drinnen schickte. „Ich weiß zwar immer noch nicht, *warum* du in jener Nacht da warst, aber ich wache jeden Morgen auf und bin unendlich dankbar, *dass* du es warst."

„Als ich in jener Nacht zu deinem Haus gegangen bin, habe ich mich gefragt, ob das wohl ein Fehler ist. Nun weiß ich, dass es keiner war." Sawyer griff nach hinten auf den Rücksitz seines Autos. „Ich habe etwas für dich", sagte er und reichte ihr eine lange weiße Posterrolle durch das Autofenster.

„Was ist das?"

„Hancock sagte, dass du noch nicht genau weißt, was du mit dem Haus und dem Café machen willst. Also habe ich ein wenig in öffentlichen Unterlagen herumgestöbert und die Originalpläne deiner Großmutter ausfindig gemacht. Sie hat damals offensichtlich mehrere alternative Baupläne für das *Higher Grounds* in Betracht gezogen. Ich will nicht anmaßend erscheinen, aber ich dachte mir, dass die Pläne dir vielleicht nützlich sein könnten."

„Wow", sagte Chelsea überwältigt. „Das ist wirklich sehr aufmerksam von dir." Sie hielt inne und musterte Sawyers Gesichtszüge – sein vorsichtiges Lächeln und seine hoffnungsvollen blauen Augen. Endlich, zum ersten Mal, sah sie ihn nicht mehr durch die Brille ihrer gemeinsamen zerbrochenen Vergangenheit.

„Wie läuft deine Jobsuche? Hast du Fortschritte gemacht?"

„Ich habe gerade ein Angebot bekommen. Ich könnte als Coach am Junior College in St. Louis anfangen."

„Oh. St. Louis." Chelsea nickte höflich, doch in ihrem Inneren stieg – zu ihrer eigenen Überraschung – Enttäuschung auf. „Dann müssen wir dich in diesem Sommer unbedingt dort besuchen."

„Das hoffe ich sehr", seufzte Sawyer.

Als er aus der Einfahrt fuhr, dachte Chelsea an die Höhen und Tiefen der vergangenen dreizehn Jahre mit ihm. Ihre Erinnerungen waren immer noch da, glasklar, so präsent wie eh und je. Die ungewollte Schwangerschaft, ihr einsamer Gang zum Altar, Sawyers Vertrauensbruch. Doch der Stachel war fort. Er war ersetzt worden durch eine tiefe Wahrheit: Chelsea konnte tun und lassen, was sie wollte, doch sie musste ihren Weg nicht allein gehen.

* * *

Sawyer war bereits zwei Straßen weiter gefahren, als er im Rückspiegel Chelsea bemerkte. Sie rannte hinter seinem Auto her und wedelte mit den Armen. Er trat auf die Bremse und legte den Rückwärtsgang ein. Auf halber Strecke trafen sie sich. Er ließ das Fenster herunter.

„Was wäre, wenn ich dir ein *besseres* Angebot mache?", keuchte Chelsea atemlos.

„Ein *besseres* Angebot?"

Kapitel 52

Mit ein paar Tassen Kaffee konnte Chelsea Chambers die Welt verändern. Sie wusste es einfach. Der Zeiger der Uhr näherte sich langsam dem Zeitpunkt der Wiedereröffnung des neuen und verbesserten *Higher Grounds Café*. Chelsea konnte es schon vor ihrem inneren Auge sehen: Das pralle Leben, das hier in den kommenden Jahren stattfinden würde. Alte Freunde würden sich wiederbegegnen. Neue Freunde würden sich treffen. Hoffnungen und Träume, Lachen und Weinen – all das würde über Becher voll dampfendem Kaffee hinweg ausgetauscht werden. Kaffee, der mit Liebe und oft auch mit einem Gebet zubereitet wurde.

Chelsea hatte sich niemals mehr zu Hause gefühlt als in ihrem neu gestalteten Café. Die wiederhergestellten Wände der alten Missionsstation und das runderneuerte Grammofon im Salon feierten die spannende Geschichte des Cafés, während die Lampen im Industriedesign, die Aluminiumstühle und die schmalen glatten Holztische einen modernen Gegenakzent setzten.

Chelsea wusste, dass ihre Großmutter Sophia sehr stolz auf sie gewesen wäre. Und sie hoffte natürlich, dass ihren Kunden der neue Look des Cafés genauso gefallen würde wie ihr selbst.

„Hier, Boss, ich hab was für dich", sagte Katrina und reichte Chelsea einen dampfenden Latte. „Ich bin ein wenig eingerostet, deswegen sind aus meinem ursprünglichen Federdesign nun eher … hmmm … Flügel geworden." Sie betrachtete ihr Milchschaum-Kunstwerk kritisch.

„Ich finde es sehr gelungen", bemerkte Chelsea, die froh war, dass ihre Star-Barista wieder da war. Sie hatte Katrinas ständig wechselnde Haarfarben und ihren exzentrischen Kleidungsstil vermisst.

„Okay, du kannst kommen!" Bos Stimme hallte durch das Café.

„Und, was denkst du?" Sawyer stand neben Bo, den Arm um die Schulter seines neuen Nachbarn gelegt, und wartete darauf, dass Chelsea ihr Kunstwerk begutachtete.

„Es ist wunderschön!", sagte Chelsea und bewunderte das letzte von den handgefertigten Möbelstücken. „Ihr müsst die ganze Nacht durchgearbeitet haben!"

„Ach, weißt du ... wer braucht schon Schlaf?", witzelte Bo.

„Bist du dir sicher, dass du kein Engel bist?" Wie dem auch sei, Chelsea war fest davon überzeugt, dass Bo ihr vom Himmel geschickt worden war.

Dank seiner tatkräftigen Unterstützung hatte Chelsea mit dem Geld der Versicherung nicht nur den Neuaufbau des Cafés finanzieren, sondern auch noch einen Großteil der verbliebenen Steuerlast tilgen können.

Als die Standuhr zur vollen Stunde schlug, atmete Chelsea ein paarmal tief durch, um sich zu beruhigen, bevor sie das Café eröffnete. Sie wollte gerade das „Geöffnet"-Schild in die Tür hängen, da nahm Sawyer ihre Hand.

„Wir schaffen das!", sagte er in der Hoffnung, ihre flatternden Nerven zu beruhigen. Es funktionierte. Kurz darauf öffneten Mr und Mrs Chambers die Türen des neuen *Higher Grounds Café*.

Der morgendliche Andrang war ungefähr halb so groß wie zu den besten Zeiten des Gott-Blogs. Ansonsten war eigentlich alles so, wie es schon im alten *Higher Grounds* gewesen war. Mit ein paar Ausnahmen. Auf Initiative der Faith Community Church war die Trinkgeldbox durch eine Spendenbox für Bedürftige ersetzt worden. Die Gemeindeglieder hatten diese gefüllt und verbreiteten überall in der Stadt die Nachricht, dass im *Higher Grounds Café* jeder einen Kaffee oder etwas zu essen „aufs Haus" bekommen konnte – auf *Gottes Haus*.

Chelsea vermutete, dass dadurch ganz andere Kunden ins Café kommen würden, und sie hatte recht damit.

Teenager aus sozialen Brennpunkten kamen genauso vorbei, um sich Kaffee und Cupcakes zu holen, wie ein altgedienter Veteran mit schmaler Rente oder eine alleinerziehende Mutter mit vier Kindern.

Doch sie hatte nicht erwartet, dass die neue Klientel bei ihren Stammkunden so viel Großzügigkeit freisetzen würde. Am Ende des Tages war die Spendenbox nicht leer, sondern bis zum Rand gefüllt – ein sichtbares Zeichen dafür, dass Güte ansteckend ist. Deb und ihr Ehemann versprachen sogar, die Spendeneinnahmen der ersten Woche noch einmal zu verdoppeln. Tony und sein begeisterter Assistent Marcus kamen im Café vorbei, um etliche Becher mit heißem Kakao zum Mitnehmen zu bestellen und sich eine gigantische Thermoskanne mit Kaffee füllen zu lassen. Damit wollten sie ein paar ihrer Freunde im Lavaca-Viertel glücklich machen. Später kehrten die beiden mit Sara und den Zwillingen ins Café zurück und machten es sich im Salon bequem. Dort fingen sie ein Gespräch mit so manchem Gott-Blog-Sucher an, gingen auf seine Fragen ein und beteten auch mit ihm, manchmal sogar auf Knien. Tony, der seinen Humor wiedergefunden hatte, witzelte: „Wir können jetzt zwar keine E-Mail mehr an Gott schicken, aber er beantwortet immer noch die gute alte Knie-Mail."

Schließlich hatte Chelsea sogar die Gelegenheit, Mannys „Schwestern" zu treffen, die *Schwestern der Göttlichen Vorhersehung*. Die Nonnen hatten Manny für die Zeit seines irdischen Auftrages bei sich beherbergt. Wie sich herausstellte, kannte Chelsea eine der Nonnen schon von ihrem Krankenhausaufenthalt her. Schwester Margaret und ihre Mitschwestern waren fasziniert von der *Casa de Oracion*-Inschrift, die nun den Mittelpunkt des neugestalteten Salons bildete. „Was für eine faszinierende Entdeckung!", rief Schwester Margaret aus. „Wir werden Ihr Café und Ihre Gäste immer in unsere Gebete einschließen."

„Vielen Dank, Schwester. Das bedeutet mir sehr viel."

„Aber natürlich, meine Liebe, sehr gerne!", erwiderte Schwester Margaret. „Haben Sie damals in der Krankenhauskapelle eigentlich gefunden, wonach Sie gesucht haben?"

Chelsea sah sich im Café um. Hancock und Emily aßen zusammen mit Marcus Cupcakes. Sara und Tony saßen auf einem Sofa. Jeder von ihnen hatte ein Kleinkind auf dem Schoß, während sie sich mit Chelseas Kunden unterhielten. Und dann war da noch Sawyer. Er kam gerade mit vier dampfenden Bechern Kaffee in den Salon.

„Nein, nicht so, wie ich dachte", sagte Chelsea nachdenklich. „Aber ich habe stattdessen viel mehr gefunden, als ich zu hoffen gewagt hätte."

„Also, die ausgefallenen Kreationen sind von Katrina", sagte Sawyer, während er jeder der Schwestern einen Becher reichte. „Dafür habe ich den Cappuccino gemacht." Er deutete auf die am wenigsten beeindruckende Kaffeekomposition.

„Ach du meine Güte", entfuhr es Schwester Margaret, als eine bemitleidenswerte Schicht Milchschaum vor ihren Augen in sich zusammenfiel.

Alle lachten. Sawyer am lautesten.

„Wie Sie jetzt richtig vermuten, ist das mein erster Arbeitstag. Ich hoffe, dass es nicht auch mein letzter sein wird", zwinkerte er und legte einen Arm um Chelsea.

* * *

Nachdem sie die Kinder zu Bett gebracht hatten, fegte Sawyer die Veranda, während Chelsea hinter der Theke noch zwei Kaffees zubereitete. Während sie die mit Sorgfalt gerösteten Kaffeebohnen mahlte, genoss sie den würzigen Duft, der von ihnen aufstieg. Sie betätigte den Hebel ihrer blitzblanken, neuen Espressomaschine und ein Strahl von beinahe kochendem Wasser schoss durch das feine Pulver. Geschmeidige, schaumige Milch setzte einen wundervollen Gegenakzent zum dunklen, bitteren Geschmack des Espressos, den sie aus kleinen Espressotassen in die Kaffeebecher gegossen hatte. Chelsea atmete genüsslich das volle Aroma ein, während sie mit den Bechern auf die Veranda hinausging.

„Wie wär's mit einem Schlaftrunk fast ohne Koffein?", fragte Chelsea und reichte Sawyer einen der Becher.

„Na, das nenne ich mal einen richtigen Cappuccino!", bemerkte er, nachdem er probiert hatte.

Chelsea machte es sich in ihrem neuen Schaukelstuhl bequem und Sawyer setzte sich in den Schaukelstuhl daneben.

„Nun, Chelsea Chambers, jetzt haben wir eine Menge Arbeit am Bein."

„Aber wir werden es schaffen – zusammen", sinnierte Chelsea und blickte hinauf zum sternenübersäten Nachthimmel. „Und ich habe das untrügliche Gefühl, dass es gut werden wird."

Sie nahm Sawyers Hand und nippte an ihrem Cappuccino.

In Wahrheit war es ja schon ziemlich gut.

Kapitel 53

Samuel sah von der Ferne aus zu. Sein Herz drohte vor Freude zu zerspringen und seine Augen leuchteten wie tausend Sterne. Die himmlische Perspektive war gut. Sehr gut. Die Landschaft unter ihm erschien ihm so hell wie lange nicht mehr. Strahlen von Licht durchbrachen den samtenen, dunklen Nachthimmel und pulsierten mit den Gebeten ganz alltäglicher Heiliger. Ganze Stadtviertel, die noch vor Kurzem in Dunkelheit gehüllt gewesen waren, schimmerten nun voller Hoffnung. Und Chelsea selbst? Sie glühte von innen heraus.

„Herzlichen Glückwunsch! Du hast deinen Auftrag hervorragend gemeistert. Deine Arbeit als Manny war äußerst beeindruckend", sagte Gabriel und ließ sich auf einem der Plätze mit der besten Sicht nieder. „Ich weiß, dass es nicht einfach war, aber es hat sich doch gelohnt, oder?"

„Dass es sich gelohnt hat, wäre eine pure Untertreibung! Schau dir die beiden doch nur an. Kann es noch besser werden?"

„Ob du es glaubst oder nicht – ich glaube, das kann es tatsächlich." Gabriel lächelte. „Du hättest diese Geschichte aus himmlischer Perspektive sehen sollen."

„Ich kann mir vorstellen, dass es gut war. Dennoch würde ich meine Zeit auf der Erde um nichts auf der Welt oder im Himmel eintauschen wollen."

„Tatsächlich? Eigentlich hatte ich etwas Besonderes für dich vorbereitet, aber wenn du so darüber denkst ..."

„Was ist es denn?" Samuels Neugier war erwacht. „Ein Schwert? Eine bessere Verkleidung?"

„Nein, es ist eher wie ein ... Kinofilm."

„*Die Rückkehr der Jedi-Ritter?* Ich bin leider nicht mehr dazu gekommen, mir diese Episode anzuschauen."

„Es ist sogar noch besser als das. Dieser Film ist eine Spezialaufführung, nur für dich. Mit freundlicher Genehmigung des besten Geschichtenerzählers, den ich kenne."

Samuels Augen wurden groß.

„Lehn dich zurück und genieß die Vorführung. Du hast es verdient", sagte Gabriel und lud Samuel ein, sich auf einem Platz in der vordersten Reihe niederzulassen, mit exzellenter Sicht auf das unendliche Sternenmeer. Bewegte Bilder erschienen auf der Panoramaleinwand des Himmels. Und zu Mannys Überraschung kannte er jeden der Filmstars mit Namen. Vor seinen Augen entfaltete sich Chelseas Geschichte von dem Moment an, als er in die Glastür ihres Cafés gelaufen war. Dieses Mal allerdings aus himmlischer Sicht.

Samuel lachte und weinte bei jeder dramatischen Wendung, die die Geschichte nahm, ob sie nun in der sichtbaren oder der unsichtbaren Welt stattgefunden hatte.

Als er zu Chelseas Schutz abgestellt worden war, war Manny für die Rolle seines Lebens gecastet worden. Er konnte es kaum erwarten mitzuerleben, wie Chelseas Geschichte in die Fortsetzung ging.

Fragen zum Nachdenken

1. Samuel wird in der Geschichte als ein Engel vorgestellt, der über Chelsea wacht. Glauben Sie, dass Engel das Leben von Menschen behüten? Wenn ja, was würden Sie von einem solchen Engel erwarten – wie könnte er im Auftrag Gottes Ihr Leben beeinflussen?
2. Wie ein „Engel auf Erden" läuft Samuel im Roman als Barista Manny, der für sein Leben gern „Star Wars" sieht, durch die Straßen von San Antonio. Haben Sie schon einmal jemanden getroffen, der Ihnen wie ein Engel in Menschengestalt vorkam? Wenn ja, was hat Sie auf diesen Gedanken gebracht?
3. Zu Beginn des Buches erfahren wir, dass Chelsea mit ihrem Glauben zu kämpfen hat und dennoch gar nicht anders kann, als jeden Tag aus dem Glauben an Gott heraus zu leben. Was bedeutet es für Sie, jeden Tag aus dem Glauben heraus zu leben? Warum hat Chelsea mit Gott und dem Glauben an ihn gekämpft?
4. Geht es Ihnen manchmal ähnlich wie Chelsea? In welchen Situationen Ihres Lebens wird Ihr Glaube auf eine harte Probe gestellt?
5. Chelsea fiel es schwer zu glauben, dass der Schöpfer des Universums auf jeden einzelnen Menschen achtet und ihn liebt. In ihren Ohren klang das zu schön, um wahr zu sein. Was denken Sie – warum haben so viele Menschen ein Problem damit, genau das zu glauben?
6. Mit welchen biblischen Aussagen über Gott haben Sie am meisten zu kämpfen? Warum?
7. In einer seiner Predigten erläutert Pastor Tony eine biblische Weisheit am Beispiel eines guten Kaffees: Die einzelnen Bestandteile mögen für sich genommen nicht besonders

schmackhaft sein, aber zusammen ergeben sie etwas sehr Gutes. So ist es auch mit den Dingen, die Gott in unserem Leben wirkt. Er bringt alle Dinge so zusammen, dass sie schließlich etwas Gutes ergeben: „Wir wissen aber, dass denen, die Gott lieben, alle Dinge zum Besten dienen, denen, die nach seinem Ratschluss berufen sind." (Römer 8,28) Haben Sie das selbst auch schon erlebt? Wo hat Gott aus etwas Schlechtem, das Ihnen widerfahren ist, im Endeffekt etwas Gutes werden lassen?

8. Im ersten Johannesbrief heißt es: „Wir lieben, weil Gott uns zuerst geliebt hat." (1. Johannes 4,19) Wie wird diese geistliche Wahrheit im Verlauf des Romans deutlich?

9. Deb erzählt ihrer Freundin Chelsea von ihrer Versöhnung mit ihrem Ehemann und davon, dass ihr Mann ihr eher vergeben kann als sie sich selbst. Ist es Ihnen auch schon so gegangen, dass jemand Ihnen mit Liebe begegnet ist, obwohl Sie sich selbst gerade nicht leiden und sich nicht vergeben konnten?

10. Gab es einen Moment in Ihrem Leben, in dem Sie sich völlig alleingelassen fühlten? Wer oder was hat Ihnen geholfen zu erkennen, dass Gott Sie niemals verlässt?

11. Mit Gottes Hilfe ist Chelsea schließlich in der Lage, ihrem Mann Sawyer zu vergeben und sich mit ihm zu versöhnen. Bei welcher Ihrer persönlichen Beziehungen brauchen Sie dringend Gottes Hilfe? Was wäre nötig, um den Prozess der Vergebung und Heilung in Gang zu bringen?

12. Wenn Sie Zugang zu einem „Gott-Blog" hätten – welche Frage würden *Sie* Gott stellen? Was würde er Ihnen wohl antworten? Welche Antwort erhoffen Sie sich von Gott?

Weitere Romane von FRANCKE

Lynn Austin
Die Apfelpflückerin
ISBN 978-3-86827-705-0
400 Seiten, gebunden

Die junge Witwe Eliza kennt nach dem Tod ihres Schwiegervaters nur ein Ziel: Allein kämpft sie um die Rettung der Obstplantage, die seit Jahrzehnten das Ein und Alles der Familie ihres Mannes war. Schnell wird der Mutter von drei kleinen Kindern klar, dass dieses Vorhaben nur gelingen kann, wenn Gott einen Engel schickt, wie die verrückte Tante Gracie meinte. Tatsächlich steht bald ein geheimnisvoller Fremder vor Elizas Tür. Ist er wirklich der erhoffte Gottesbote, oder hegt er finstere Absichten? Immerhin scheint er nicht der zu sein, der er zu sein vorgibt. Doch wer ist das schon? Eliza ist selbst gefangen in einem Netz aus Lügen über ihre Herkunft, und auch in der Familie ihres Mannes schlummert mehr als ein dunkles Geheimnis. Nur langsam fügen sich die Bruchstücke der Vergangenheit zu einem Gesamtbild zusammen. Wird Eliza letztlich alles verlieren, was ihr lieb und teuer ist, oder gewinnt sie sogar mehr, als sie je zu träumen gewagt hat?